촘스키, 러셀을 말하다

촘스키, 러셀을 말하다

－세계를 해석하는 것에 대하여, 세계를 변혁하는 것에 대하여

지은이 ｜ 노엄 촘스키
옮긴이 ｜ 장영준
그린이 ｜ 김한조
펴낸이 ｜ 김성실
기획편집 ｜ 최인수 · 여미숙 · 이정남 · 김성은 · 김선미
마케팅 ｜ 곽흥규 · 김남숙
제작 ｜ 한영문화사

초판 1쇄 ｜ 2011년 9월 5일 펴냄
초판 2쇄 ｜ 2012년 12월 5일 펴냄

펴낸곳 ｜ 시대의창
출판등록 ｜ 제10-1756호(1999. 5. 11.)
주소 ｜ 121-816 서울시 마포구 동교동 연희로 19-1 4층
전화 ｜ 편집부 (02) 335-6125, 영업부 (02) 335-6121
팩스 ｜ (02) 325-5607
이메일 ｜ sidaebooks@hanmail.net

ISBN 978-89-5940-219-9 (03300)

Problems of Knowledge and Freedom by Noam Chomsky
Original Copyright ⓒ 2003, Noam Chomsky
This original edition was published in English by The New Press.
First published in hardcover by Pantheon Books, New York, 1971.

Korean translation Copyright ⓒ 2011, Window of Times
This Korean edition was published by arrangement with The New Press, USA c/o Roam
Agency through Best Literary & Rights Agency, Korea.
All rights reserved.

책값은 뒤표지에 있습니다.
잘못된 책은 바꾸어드립니다.

Problems of Knowledge and Freedom: The Russell Lectures

촘스키, 러셀을 말하다

노엄 촘스키 지음 | 장영준 옮김 | 김한조 그림

시대의창

발행인 메모

이 책은 1971년 초 영국의 케임브리지대학 트리니티 칼리지에서 이루어진 노엄 촘스키의 러셀 강연을 책의 형태에 맞게 조금 손본 것이다.

한국어판 일러두기

1. 지은이가 단 주석은 번호를 매겨 표시하고 본문 아래편에 실었다.
2. 옮긴이와 편집자가 독자의 이해를 돕고자 덧붙인 주석은 별표(*)로 표시하고 역시 본문 아래편에 실었다.

아브라카다브라

에두아르도 갈레아노

미국의 거대 매체들이 실제로는 스스로 생각하는 것만큼 전지전능하지 않다는 증거가 여기 있다. 그들에 따르면 노엄 촘스키는 존재하지 않는다. 그렇다면 촘스키의 귀신이 전 세계에 지대한 영향력을 발휘하고 있는 셈인가? 그의 목소리를 억누르려는 각종 검열 장치가 작동하고 있음에도 그의 목소리는 그의 나라 미국의 젊은이들에게 널리 전파되고 있다.

그는 이단으로, 표현의 자유를 신봉했다는 죄목으로 비난받고 있다. 표현의 자유? 거대 매체들은 표현의 자유를 억압의 자유로, 자신들만의 고유한 영역으로 둔갑시키고 있는 것 같다. 촘스키에게 발언권을 주지 않음으로써 그들은 도리어 촘스키에게 커다란 영예를 안겨주고 있다. 그는 길들여진 지식인, 길들여진 수많은 가짜 지식인들 무리의 일원이 아니다. 자신의 강한 정신력을 다해 이 위험한 검은 양은 만연한 무지를 일깨우고,

민주주의란 이름으로 전 지구적인 사기를 치고 있는 강대국의 위선을 까발리고 있다.

필자 생각으로는 촘스키야말로 금지된 문을 열 수 있는 열쇠를 제대로 알고 있다. 저명한 언어학자로서 그는 그래야 할 의무도 있다. 아브라카다브라. 많은 사람에게 익숙한 이 마법의 주문은 히브리어 아브렉 아드 하브라abreq ad habra에서 왔다. 그것은 이런 뜻이다.

"네가 가진 불꽃을 세상 끝까지 퍼뜨려라."

2003년 4월, 우루과이 몬테비데오에서

차 례

들어가는 말

버트런드 러셀(Bertrand Arthur William Russell, 1872~1970)은
이렇게 갈파한 적이 있다. 진보적 교육의 과제는 "통제가 아니
라 사물의 가치를 파악하는 능력을 길러 자유로운 공동체의 현
명한 시민들을 양성하는 데 일조하는 것이고, 또 개인의 자유로
운 창조성과 시민정신을 결합함으로써, 오직 소수만이 성취할
수 있었던 가치를 사람마다 성취할 수 있도록 하는 것이다."[1]

인류가 개인의 창조성과 자유를 위한 투쟁에서 성취할 수 있
었던 찬란한 영광을 보여준 금세기의 몇 안 되는 사람으로서 버
트런드 러셀은 매우 영예로운 위치를 점하고 있다. 러셀의 삶과

---

1   *Power: A New Social Analysis*(New York: W.W. Norton & Company,
    1938), p. 305(한국어판: 버트런드 러셀 지음, 안정효 옮김, 《권력》, 열린책들,
    2003, 284~285쪽).

성취를 되돌아보자면, 아무래도 그 자신의 말을 인용하지 않을 수 없다.

스스로에게, 친구들에게, 혹은 전 세계에 유익한 삶을 사는 사람들은 희망으로 인도되고 기쁨으로 지탱된다. 그런 사람들은 앞으로 만들어질 세상과 그 세상이 만들어지는 방법을 상상할 수 있다. 그들은 사적인 관계에서 애정과 존경을 잃어버릴까 봐 애태우지 않는다. 오히려 남들에게 아낌없이 애정과 존경을 보내며, 애써 구하지 않아도 저절로 보상을 받곤 한다. 일을 하면서 그들은 경쟁자에 대한 시기심에 사로잡히지 않고, 반대로 성취해야 할 과업 자체만을 생각한다. 정치적으로도 그들은 자신이 속한 계급이나 국가의 부당한 특권을 지키는 데 시간과 열정을 쏟지 않는다. 도리어 그들은 이 세상 전체가 더 행복하고, 덜 잔인하며, 경쟁자들 간의 탐욕스런 갈등이 덜하게끔, 그리고 외부의 억압 때문에 성장하지 못하는 일이 없는 사람들로 가득하도록 만들고자 한다.[2]

인간의 삶이 어떻게 영위되어야 하는가를 표현한 사고의 편

---

2   Bertrand Russell, *Proposed Roads to Freedom—Socialism, Anarchism and Syndicalism*(New York: Henry Holt & Co., 1919), pp. 186~187.

린을 밝혔을 무렵 버트런드 러셀은 이미 철학과 논리학 분야에서도 길이 기릴 만한 업적으로써 현대 사상의 흐름을 완전히 바꾸어놓은 한편, 그 스스로가 정당하거나 피할 수 없는 것으로 받아들일 수 없었던 전쟁에 초지일관 반대함으로써 정치적 비방과 투옥에 직면해 있었다. 그런데도 그는 반세기에 달하는 동안 사상과 탐구 영역뿐 아니라 세상을 더 행복하고 덜 잔인한 곳으로 만들고자 하는 끊임없는, 불굴의 싸움에서도 눈부신 업적을 이룰 수 있었다. 러셀의 지적인 성취는 앎을 추구하는 사람들에게 한없는 즐거움을 제공해주었다. 그러나 자유로운 시민사회를 열망하는 사람들에게 영감을 불어넣어 준 것은 바로 에리히 프롬이 "러셀 자신의 삶에 작용한 프로메테우스적 기능"[3]이라고 했던 일신우일신日新又日新의 자세였다.

이러한 노력을 기울이면서 러셀이 겪어야 했던 박해와 조롱과 탄압, 철면피한 왜곡과 억압, 그리고 국가가 저지르는 범죄적 폭력을 옹호하던 지식인들이 러셀에게 퍼부었던 모욕들을 여기서 되짚을 필요는 없으리라. 우리는 다만 이러한 부당한 대우가, 전 세계의 양식 있는 사람들이 러셀에게 보내는 깊은 존

---

3   "Prophets and Priests", A.J. Ayer et al., *Bertrand Russell: Philosopher of the Century*, ed. Ralph Schoenman(Boston: Little Brown and Company, 1968), p. 72.

경심으로 말미암아 조금이나마 상쇄되기를 소망할 뿐이다. 나는 여기서 두 가지 작은 사례를 들고자 한다. 몇 달 전 내 친구인 젊은 아시아 학자가 오키나와 근처의 작은 섬에 갔다가 한 농민의 집을 방문하게 되었다. 그 농민은 당시 미군 지배로부터 자신들의 농토를 해방시키고자 투쟁하고 있던 농민들의 지도자였다. 이 농지해방운동은 기독교와 전통적 가치관이 강력한 민중운동과 결합한 매우 흥미로운 성격을 띠고 있었다. 벽에는 다음과 같은 글귀가 일본어로 적혀 있었다.

"어느 길이 올바른 길인가? 어느 길이 정당한 길인가? 공자, 부처, 예수 그리스도, 간디, 버트런드 러셀의 길이 옳은가? 아니면 알렉산더 대왕, 칭기즈칸, 히틀러, 무솔리니, 나폴레옹, 도조*, 존슨 대통령**의 길이 옳은가?"

두 번째 사례는 하인츠 브란트가 동독의 감옥에서 석방되어 러셀을 찾아온 일이다.*** 그는 독일민주공화국(당시 동독—옮긴

이)에서 받은 평화 메달을 반납하는 등 러셀이 펼친 석방 운동에 힘입어 감옥을 나올 수 있었다. 브란트는 당시에 보았던 러셀의 모습을 이렇게 썼다. 그가 방문을 마치고 돌아갈 때, 문간에 서 있던 러셀은 "매우 외롭고 나이 들어 보였으며, 우리에게 손을 흔드는 모습이 너무나 처연하고 인간적이었다."[4] 브란트는 러셀의 인간애에 개인적으로 더욱 고마워할 만한 이유가 있었지만, 그가 느끼는 고마움은 이성과 자유와 정의를 중요하게 여기는 모든 사람들, '우리가 추구해야 할 세상'에 대한 러셀의 소망에 공감하는 모든 사람이 똑같이 느낄 수 있는 것이다.

우리가 추구해야 할 세상은 창조적 정신이 살아 있고, 삶이야말로 기쁨과 희망으로 가득한 모험이 되는 세상이다. 그러한 세상이야말로 우리의 소유는 그대로 지키면서 다른 사람의 소유를 탈취하려는 사욕이 아니라, 무엇인가를 만들어가려는 욕구에 기반을 둔 세상이다. 또 그러한 세상은 사랑이 자유롭게 흘러, 남을 지배하려는 욕구가 억제되고, 잔인함과 시기심 대신에

에 힘입어 1964년 석방되었다. 이후 서독에서 핵에너지 반대 운동과 인권운동에 힘썼다.

4   Heinz Brandt, *The Search for a Third Way*(Garden City, N.Y.: Doubleday & Company, 1970), p. 305.

행복으로 가득한, 그리고 우리 삶을 만들어가면서 정신적인 기쁨으로 삶을 채워주는 우리의 모든 본능이 아무런 제약 없이 계발될 수 있는 세상이다.[5]

러셀은 이 세상을 올바르게 해석하려고 했을 뿐 아니라 그것을 변혁하고자 했다. 나는 세상을 바꾸는 것이야말로 '진정한 과제'라는 마르크스의 언명에 그가 동의하리라고 생각한다. 그가 세상을 해석하고 변혁하고자 하면서 이룩한 성취를 평가하는 것은 고사하고 기록하는 것조차 나는 감히 시도하지 않겠다. 그러나 한 가지는 분명하다. 나를 포함해서 앞으로 수세대에 걸쳐 러셀은 그 자신이 제기한 문제들, 그가 추구한 대의명분, 그리고 그가 통찰했거나 미완으로 남긴 과제들에 대해 영감을 주는 인물임에 틀림없다. 이번 강연에서 나는 러셀이 세상을 해석하고 변혁하려고 노력하는 과정에서 그 스스로 제기한 몇 가지 문제를 살펴보고자 한다. 주제 선택에는 나의 개인적 취향이 반영되었다. 다른 사람이라면 러셀의 다른 측면을 강조하기 위해 다른 주제를 선택할 수 있고, 그것도 마땅한 일이다. 나는 무엇보다도 러셀이 오랜 세월을 바쳐 탐구한 끝에 1940년대의 저술에서 최종 정리한 인식론과, 1차 세계대전 무렵과 그의 생애 말

---

5 *Proposed Roads to Freedom*, p. 212.

년 (말뿐 아니라 실제 행동으로도 표현된) 그의 사회적·정치적 사상을 살펴보고자 한다.

인간의 핵심적 관심사에 해당하는 거의 모든 문제를 다룰 정도로 엄청나게 폭넓은 러셀의 학문적 탐구를 관통하는 일관된 흐름이 있는가? 특히 그의 철학적 신념과 정치적 신념 사이에 어떤 연결고리가 있는가? 그처럼 독립된 별개의 영역에서 이루어진 한 인간의 노력이 꼭 공통된 연원에서 도출되거나 서로 밀접하게 연계되는지는 분명하지 않다. 그렇다 하더라도, 어쩌면 인간 지식의 조건과 자유의 조건을 찾아내려는 러셀의 노력에는 어떤 공통된 요소가 있을지도 모른다. 첫 번째 강연의 마지막 부분과 두 번째 강연의 첫 부분에서 나는 한 가지 연결고리를 간단하게 논할 것이다. 러셀이 제시하는 인간의 내재적 본성과 창조적 잠재성이라는 '인문주의적 개념'이야말로 그 연결고리이며, 그 개념의 맥락에서 러셀 본인이 매우 풍부하고도 무한한 잠재성을 보여준다.

촘스키의 연구실에는
러셀의 초상화가 걸려 있다.

마치 정원사가 어린 나무를 보듯이 인간은 어린아이를 본다. 특정한 내재적 속성을 가진 존재, 적절한 토양과 공기와 빛이 제공되면 시간이 흐르면서 놀랄 만한 성장을 이룰 존재로 간주하는 것이다.
　　　　　　　　　　　　　　　　　　　　　　　—버트런드 러셀

1강

•

세계를
해석하는 것에
대하여

러셀은 경험주의 철학의 전통을 혁신했다.

인간이 어떤 절차를 통해 세계를 특정한 방식으로 해석하는지 밝히는 것이야말로 세상을 이해하는 일의 핵심이다. 그것은 생물학적으로 주어진 복잡하고 특정한 체계인 인간의 정신 mind이 물리적이고 사회적인 세계와 어떻게 상호 작용하는가를 연구하는 일이다. 이 문제와 관련하여 버트런드 러셀은 자신의 평생에 걸친 연구를 정리하면서 다음과 같은 질문을 던졌다.

"인간은 자신이 속한 세계와 극히 짧고, 개인적이며, 제한적으로 접촉하는데도, 어떻게 지금과 같이 방대한 지식체계를 구축할 수 있게 되었는가?"[1]

러셀은 개인의 경험이 보편적인 상식이나 과학적인 지식 체

---

1   *Human Knowledge: Its Scope and Limits*(New York: Simon & Schuster, 1948), p. v.

계와 어떠한 관계를 맺는지 연구하면서, 경험주의의 한계를 궁구하고 인간의 지식 습득이 어떻게 가능한가를 규명하고자 했다. 그는 특히 "귀납법을 대신하지는 않더라도 그것과 더불어" 과학적 추론을 정당화하는 비논증적 추론의 원리를 발견하고자 했다. 그는 "경험주의 이론의 어떤 부분은 굳이 증명하지 않아도 참된 것으로 보인다"고, 다시 말해 "내가 이해할 수 있는 말은 내 경험으로부터 그 의미가 만들어지기 때문에 …… 어떠한 예외도 용납할 필요가 없다"고 결론 내렸다. 반면 그는 경험주의의 어떤 부분은 정당화될 수 없다고 결론지었다. "경험적 사실로부터 논리적으로 추론할 수 없는" 원리가 필요한 경우도 있기 때문에 "우리는 경험과는 별개로 어떤 것을 알 수 있거나, 아니면 과학적 지식이란 어쩌면 달빛과도 같은 (증명할 수 없는— 옮긴이) 것일 수도 있다"고 그는 설파했다. 과학 이전의 지식, 곧 추론의 원리들에 체계적으로 반영되기 전의 지식에 대한 그의 탐구 역시 유사한 결과로 이어졌다. 그러면서도 그는 이른바 경험주의자의 '색채flavour'를 잃지 않고서, 비록 우리가 기저를 이루는 원리들에 대한 지식을 "정말로 가지고 있다면 그것은 결코 경험을 근거로 한 것일 리 없"지만, 그렇다 하더라도 "모든 검증 가능한 결과들은 경험으로써 검증될 수 있다"고 결론 지었다.[2]

또한 우리는 상식적이거나 과학적인 지식에 대해 경험주의 이론을 전개하고자 한 세심한 노력들이 다소 유사한 결론을 이끌어냈다는 사실을 알 수 있다. 예를 들면, 데이비드 흄(David Hume, 1711~1776)은 다음과 같이 주장했다.

> 인간은 자신이 속한 세계와 극히 짧고, 개인적이며, 제한적으로 접촉하는데도, 어떻게 지금과 같이 방대한 지식 체계를 구축할 수 있게 되었는가?

동물들이 아는 지식은 많은 부분 관찰을 통해 얻어지지만, 그 밖에 많은 부분이 원초적인 자연의 섭리에 따라 얻어지기도 한다. 그러한 지식은 동물의 능력으로 평소 터득할 수 있는 범위를 훨씬 넘어선 것이다. 이러한 지식은 오랫동안 되풀이 경험한다 하더라도 거의 혹은 전혀 숙달할 수 있는 성질의 것이 아니다. 이러한 지식을 우리는 본능이라 부르고, 아주 특별한 것으로서 인간 이해를 위한 온갖 탐구로도 설명되지 않는 어떤 것으로 경외한다. 그러나 우리 인간과 동물 모두에게 삶을 영위하는 수단이 되는 경험적 추론 그 자체가 우리 자신도 모르게 움직이는 본능이나 기계적 힘에 지나지 않는다면, 그리고 그것의 주요 작동 방식이 우리 인간의 지적 능력에 적합한 바대로 다양한 생

---

2   같은 책, pp. 522, 524, 526~527.

각을 비교하거나 관련짓거나 하는 방식이 아니라면, 우리의 경외는 그만 사그라질지도 모른다. 인간이 불을 피하도록 가르쳐 주는 본능은 비록 그 종류가 다르겠지만 그래도 역시 본능임에는 틀림없다. 마찬가지로 새에게 알을 품는 기술, 새끼를 돌보는 이치와 방법을 정확하게 가르쳐주는 것도 본능이다.[3]

　지식 습득에 대한 경험주의 이론을 세우려는 최근의 노력 역시 러셀과 다르지 않은 결론에 도달하고 있다. 윌러드 콰인(Willard Van Orman Quine, 1908~2000)은 매우 편협하고 제한적으로 보이는 개념들로 시작하긴 했지만 결국 귀납법의 근간을 이루는 특질들의 체계, 곧 그가 "질적 공간quality space"이라 부르는 것에는 태생적으로 추상적 성격이 있을지도 모르며, "단순한 질적인 공간과 더불어, 언어 습득〔및 여타 학습 형태〕에 필요한 미지의 어떤 태생적인 구조가 있어서, 어린아이로 하여금 관찰되는 것 곧 귀납법만으로는 해결할 수 없는 난관을 극복하게 해주는지도 모른다"고 결론짓는다.[4] 나아가 콰인이 "행동주의"를 가리켜, "모든 준거들을 경험이라는 용어 속에 포함시키고" 모

3　David Hume, "An Enquiry Concerning Human Understanding", *Enquiries Concerning the Human Understanding and Concerning the Principles of Morals*, ed. L. A. Selby-Bigge, 2판(Oxford: Clarendon Press, 1902), p. 108.

든 추론을 궁극적으로 "외부적 관찰이라는 틀로" 파악하고자 하려는 아집이라고 언급했을 때, 그는 행동주의라는 신념 자체를 포기했을 뿐 아니라, 경험주의에서 얻을 것이라고는 우리의 지식을 구성하는 원리들의 검증 가능한 결과들을 "경험으로 검증할 수 있다"는 조건뿐이라는 러셀의 결론으로 기운 것이다.

아마 경험주의 전통을 가장 강력하게 대변하는 현대 학자는 넬슨 굿맨(Henry Nelson Goodman, 1906~1998)일 것이다. 그는 매우 중요한 귀납적 추론 분석에서, 전통적인 경험주의 방법론이 "우리의 이성이 작동하거나 작동하지 않게 하는 각각의 규칙성을 규명하는 문제"를 해결하지 못했음을 보여준다. 따라서 그는 우리가 "우리의 이성이 경험과 상관없이 처음부터 작동한다고 보아야" 하고, 그렇게 보아야만 "우리의 두뇌가 임의로 수십 가지 방향으로 움직일" 뿐 아니라, "점차 예측 가능한 과정으로 조정하고 유도"하는 것을 설명할 수 있다고 주장한다.[5] 흄과 마

---

4 "Linguistics and Philosophy", Sidney Hook ed., *Language and Philosophy* (New York: New York University Press, 1969), p. 97. 〔〕부분은 촘스키가 삽입.

5 Nelson Goodman, *Fact, Fiction and Forecast*(Cambridge, Mass.: Harvard University Press, 1955), pp. 89~90. 굿맨은 "우리의 목적은 우리의 정신 mind이 어떻게 작동하는가를 설명하려는 것이 아니라, 타당한 사고 작용과 타당하지 않은 사고 작용을 가르는 분기점을 기술하거나 정의하려는 것"이라고 덧붙였지만, 그는 종종 "유전적 문제"도 논한다.

찬가지로 그는 다음과 같이 이야기한다.

(귀납적 사고는—옮긴이) 과거의 사건들에 기댄다. 그러나 되풀이 관찰되는 특성들뿐 아니라 명시적인 말로써 되풀이되는 데에도 기댄다. 칸트와 유사하게, 귀납법의 타당성 여부는 제시된 사건뿐 아니라 그 사건이 조직되는 방식에 따라서도 가름된다고 보는 것이다. 그러나 여기서 의미하는 조직이란 단지 (그것을 설명하기 위한—옮긴이) 언어의 사용으로 이루어지는 것이지, 인간의 인지 작용에 깃든 어떤 불가피하고 불변적인 본성에서 비롯되는 것이 아니다.

그는 "귀납법은 우리가 사용하는 언어에서 그 타당성의 뿌리를 찾아야 한다"고 지적한다.[6]

그러나 굿맨은 "유전적 문제"에 대해서는, "적절한 서술어가 수월하게 확립되는 것을 변덕스러운 숙명처럼 너무 당연한 듯 받아들였다"는 비판을 도외시한 것 같다. "정교한 서술어들의 경우, 의미 사용 가능성projectibility을 판단해서 관습적 의미 사용projection을 추론하는 것이 아니라, 반대로 관습적 의미 사용

---

6   같은 책, pp. 96, 117.

에서 의미 사용 가능성을 판단한다”고 말하는 것은 쉬운 일이다.[7] 이러한 주장은 명시적으로 언어가 사용되지 않는 경우의 귀납법을 설명하는 문제는 차치하더라도, 각 개인이나 여러 종species 사이에서 나타나는 통일성을 전혀 설명하지 못한다. 인간의 정신이 문자 그대로 처음부터 무작위로 작동한다면, 굿맨이 생각하기에 상식적으로 쓰이는 말[言], 이를테면 색깔을 가리키는 아주 제한된 범위의 말들도 사람들이 우연히 다들 비슷한 선택을 해서 정해졌을 뿐인 셈이 된다. 사실 굿맨은 이러한 결론을 받아들인 것 같다. 그는 영어를 사용하는 사람들 중 일부가 ‘푸르다green’란 낱말에 어떤 복합적인 의미가 있는 것으로 여긴다고 생각하는 것 같다. 예를 들면, 자정이라는 특정한 시각 이전에 ‘푸르다green’고 지칭된 색깔과 자정 이후에 ‘파랗다blue’고 지칭된 색깔을 의미하는 데 똑같이 ‘푸르다’라는 낱말을 사용하는 것이다.[8] 이런 사람들은 다음날, 자신들이 보고 ‘푸르다’고 하는 사물이 그 전날 ‘파랗다’고 했던 어떤 것과 색깔이 일치하는 것을 알고는 아마 깜짝 놀랄 것이다.[9] 굿맨의 결

7 　같은 책, pp. 97~98.

8 　Nelson Goodman, “The Emperor's New Ideas”, Hook ed., *Language and Philosophy*, p. 140 참조. “확신하건대, ‘green’이 아니라 ‘grue’를 사용하는 데 익숙한 화자(話者)들은 일반화를 위한 근거로서, 인간이 아닌 다른 동물들도 green이 아니라 grue를 사용한다고 똑같이 자신할 것이다.”

론에는 일관성이 있다. 엄격한 경험주의자가, 정신이란 것이 처음부터 아무런 제약 없이 임의로 예측 능력을 발휘하면서 작동한다고 믿는다면, 이에 못지않게 이상한 다른 많은 결론과 더불어 이러한 이상한 결론에 도달할 수 있어야 한다. 굿맨의 분석은 우리가 경험과는 무관하게 지식을 습득한다거나, 과학이란 일반인들의 상식적인 믿음이 그렇듯이 달빛과 같은 것이라는 러셀의 관찰을 직접적으로 뒷받침한다. 일련의 가설 체계가 주어졌을 때 인간이 어떤 사고 과정을 거쳐 특정한 결론을 이끌어내는가 하는 문제에 관한 그의 통찰은 흥미롭고 시사적이지만, 지식 습득이라는 핵심적인 문제는 제대로 설명하지 못한 채 거의 내버려둔 것 같다. 경험주의가 진지하게 받아들여지려면 그것은 반드시 콰인이 말하는 "외면화된 경험주의"가 되어야 한다. 콰인의 "외면화된 경험주의"에 따르면 "가시적 행동이나 타고난 언어 습득 능력 등 어떠한 것도 이른바 타고난 기질에 부합하지 않는 것이 없"고, "논리적 추론이나 결론은…… 궁극적으로 외면적 관찰을 통해 파악되어야 한다."[10]

로크(John Locke, 1632~1704)의 《인간오성론*Essay Concerning*

---

9   논점을 회피하지 않는 공식화를 위해 같은 책에 실린 내 글을 보라. pp. 71~72.
10   "Linguistics and Philosophy", pp. 97~98.

Human Understanding》(1690)을 비평하면서, 라이프니츠(Gottfried Wilhelm von Leibniz, 1646~1716)는 로크가 인간의 반성反省 작용을 지식의 원천으로 인정함으로써 이성주의 이론을 또 다른 용어로 재구성할 수 있는 가능성을 남겨놓았다고 보았다. 비슷하게 우리는 미지의 속성character을 띠는 질적 공간quality space, 매우 추상적인 가설들로 도약하게끔 해주는 임의의 원초적 구조, 라이프니츠가 "우리 사상에 침투해서 우리 영혼과 연결망을 구성하는" 원초적 보편 원리라 불렀던 비논증적 추론의 원리들, "주의를 기울이기만 하면 발견될 수 있고, 인간의 감각이 그 사례를 제공하며, 성공적인 경험이 그 타당성을 뒷받침하는" 원리들을 인정하는 지식 습득 이론이 경험주의적 '색채'를 어느 정도 지니는가를 문제 삼아야 할 것이다.

사실 합리적으로 따져보면 우리는 지식 습득이라는 전통적인 개념을 훨씬 더 잘게 나누어야 할지도 모른다. 내재적인 보편 원리, 곧 우리의 성숙한 믿음 체계를 통합하고 조직하는 원리들이 "주의를 기울이기만 하면" 발견될 수 있다고 우리가 믿는 근거는 무엇인가? ('지식knowledge'과 '믿음belief'이란 개념을 둘러싼, 무익해 보이는 용어 논쟁—러셀이 언급했다시피, 이러한 논쟁은 그 개념 자체가 불분명하고 어느 한 방향으로 고정될 수 없기 때문에 별 실속이 없다—은 차치하고서라도) 과연 그런가 여부는 결국 경험주의적인 쟁점일 것이다. "경험주의

적 추론 그 자체"를 결정하는 "종의 본능"이 흄과 라이프니츠가
주장하듯이 "우리 자신도 모르게 우리 안에서" 작동하는지, 우
리 스스로 성찰할 수 있는 범위 밖에 있는 것인지는 아직 답이
정해지지 않은 문제다. 사실 이러한 문제에 대한 통찰이나 이해
는 의식적인 인간 이해력의 범위를 넘어서는 일인지도 모른다.

> 지식 습득과 믿음 체계를 가능하게 하는 바로 그 원초적
> 원리가, 지식과 믿음이 어떻게 습득되거나 사용되는가
> 하는 과학 지식을 알 수 없게끔 우리의 과학적 이해력에
> 한계를 부과하는지도 모른다.

그렇지 않기를 바랄 수는 있겠지만, 그럴 가능성을 인정하더라
도 어떠한 모순도 제기되지 않는다. 지식 습득과 믿음 체계를
가능하게 하는 바로 그 원초적 원리가, 지식과 믿음이 어떻게
습득되거나 사용되는가 하는 과학 지식을 알 수 없게끔 우리의
과학적 이해력에 한계를 부과하는지도 모른다. 인간과는 다른,
혹은 더 풍부한 재능을 갖춘 유기체는 그 한계 너머의 지식을
습득할 수도 있겠지만 말이다. 칸트의 말을 빌리자면, "외연과
형식에 적용되는 인간 이해력의 기제schematism는 인간 영혼 깊
숙한 곳에 숨겨진 기술로서, 이 기술의 작동 원리는 우리가 밝
혀내기 어렵고 다만 경이롭게 바라볼 수 있을" 뿐인 것 같다.[11]
분명한 것은 이 문제에 대해 교조적인 전제를 설정할 이유가 전

혀 없다는 것이다.

한편으로는 지식과 믿음을 가능하게 해주면서, 또 한편으로는 그 지식과 믿음의 범위를 설정하고 제한하는 정신의 내재적 원리가 있으리라는 가정은 생물학자에게는 전혀 놀라운 일이 아닐 것이다. 인간이란 종에게만 고유하다고 간주되는 언어 구조의 내재적 원리라는 특정한 사안에 관해서 자크 모노*는 다음과 같이 썼다.

일부 철학자나 인류학자들은 이러한 생각이 데카르트 형이상학으로 회귀한 것이라고 간주하여 격분했다. 그러나 우리가 그 생각에 함축되어 있는 생물학적 내용을 받아들인다면, 그것은 전혀 충격으로 와 닿지 않는다.

---

11 칸트Immanuel Kant, 《순수이성비판*A Critique of Pure Reason*》 영문판, trans. Norman Kemp(New York: Random House, Modern Library, 1958), pp. 110~111.

* Jacques Lucien Monod(1910~1976). 프랑스 생물학자. 1965년 노벨 생리학·의학상 수상. DNA와 단백질에 기록된 정보를 연결하는 mRNA 분자가 존재한다고 주장했다. 지구상의 생명체가 우연한 화학적 사고에 따라 생겨났고, 우주에 이와 유사한 생명체는 존재하지 않는다는 주장을 하기도 했다. 생물학자였을 뿐 아니라 음악가이자 과학철학에 조예가 깊은 작가였고, 정치 활동가였다. 2차 대전 기간에는 무기 낙하, 철로 폭파, 우편 검열과 같은 작전을 수행하는 데 참여했다.

인류 진화의 현 단계에서, 언어 구조의 특정한 원리가 생물학적으로 주어진다고 가정하는 것은 아주 합리적이다. 게다가 모노의 말을 더 빌리자면, 인간의 대뇌피질은 진화 초창기에 언어 능력 습득의 영향을 깊이 받았으므로, 분절된 언어는 "문화의 진화를 허용했을 뿐 아니라, 인간의 **신체적** 진화에도 결정적으로 기여했다." "인간 두뇌의 단계적 발달 과정에서 나타나는 언어 능력은 이제 '인간 본성'의 일부"가 되었으며, 초기부터 이루어진 분절적인 언어 사용으로 말미암아 특정한 방식으로 진화했을 인지 기능의 다른 측면들과 매우 밀접하게 연관되어 있다는 가정에는 전혀 모순이 없다.[12]

혹자는 지식의 기원과 확장에 관한 전통 경험주의적인 견해들이 이 문제를 성공적으로 연구하는 데 도움이 되기는커녕 오히려 방해가 되는 것이 아닌가 의아해할 수도 있다. 예를 들면, '지시指示적 정의定義(실물을 직접 가리킴으로써 정의 내리는 것—옮긴이)'라는 문제를 생각해보자. 러셀은 다른 많은 철학자들과 더불어 이 개념을 지식 습득 과정에서 어느 정도 원초적이거나 기본적인 단계로 가정한다. 예를 들면, 말소리는 환경이라는 눈에

---

12 Jacques Monod, *Le Hasard et la nécessité*(Paris: Éditions du Seuil, 1970), pp. 150~151(한국어판: 자크 모노 지음, 조현수 옮김, 《우연과 필연》, 궁리, 2010, 194쪽).

띄는 특질뿐 아니라 이러한 특질에 따른 '우연히 떠오른 생각 idea'이나 '심사숙고한 결과인 생각thought'과도 연관된다. 말은 "그 발음이 문제의 그 특질 때문에 비롯되었고, 그 소리를 들으면 그 특질이 '떠오른다'"는 점에서 어떤 특질을 '의미한다'고 할 수 있다. "이것은 가장 단순한 '의미'인데, 바로 이 단순한 의미에서 다른 갖가지 복합적 의미가 발전해나간다." 비슷한 자극과 연상 작용을 성찰하면서 "인간의 아이는 마치 철학자처럼 이 세상에 '엄마mother'라는 단어가 존재한다는 사실을 알게 되고, 또 그것은 유일한 존재인 자신의 '엄마Mother'라는 결론을 내리게 된다." "밀(John Stuart Mill, 1806~1873)의 경구를 빌리자면, 살아 있는 한, 때가 되면 아이는 정확하게 말하는 법을 배우게 되고," 자신이 처한 환경과 언어 표현의 관련성을 올바르게 인지하게 된다. 러셀의 주장에 따르면, 바로 그러한 과정을 통해 어느 정도 영속적으로 존재하는 사람이나 사물에 대한 믿음(사람이나 사물이 실제로 존재하며, 사라지지 않고 다소 영구적으로 존재한다는 믿음-옮긴이)이 만들어지고, 실체라는 개념이 없는 철학은 성립하기 어려운 상식적 믿음 체계가 만들어진다.[13](러셀은 여기에 덧붙여 자신이 "이러한 철학의 첫걸음은 잘못된 것"으로 믿

---

13   *Human Knowledge*, pp. 75~76.

는다고 했지만, 이것은 또 다른 문제다.) 콰인도 이와 유사한 과정을 제시한다. 어린아이에게 "엄마, 빨간색, 물 등과 같은 사물은 모두 같은 유형type이다. 이들 각각은 어쩌다 마주치는 시간의 산물, 곧 주변에서 일어나는 사건의 흐트러진 조각일 뿐이다." 아이는 "점차 일반적 유형term의 개별화된 지시체reference들을 파악"하면서 비로소 "지속적으로 존재하며 되풀이해서 나타나는 물리적 존재들의 체계scheme를 알게 된다." 어린아이는 이러한 과정을 거쳐 '엄마'를 단수명사, 곧 "광범위하고 되풀이되지만 개별적인 대상의 이름"으로서 재평가하게 된다.[14]

이러한 추론은 이미 알려진 지식에 비추어 볼 때 그 타당성이 높지 않아 보인다. 지속적으로 존재하며 되풀이해서 나타나는 물리적 대상에 대한 어린아이의 관념이 말의 쓰임새를 되돌아보는 그 아이의 성찰 작용reflection에서 나온다거나, 말의 쓰임새에 대한 통찰을 바탕으로 한 고차원적인 일반화에서 나온다거나, 혹은 앞에서 살펴본 밀의 경구처럼 사람이나 사물의 영속성이 경험의 세계를 해석하는 일과 관련이 있다고 믿을 만한 아무런 이유도 없다. 이 문제에 관한 간단한 실험을 통해서 우리는 영원하고 지속적인 사물이라는 개념이 말보다 훨씬 오래전

---

14 Willard V.O. Quine, *Word and Object*(Cambridge, Mass.: The M.I.T. Press, 1960), pp. 92~95.

부터 작동하고 있음을 알 수 있다. 그리하여 생후 몇 개월밖에 안 된 어린아이가 자신을 둘러싼 세계를 일관성 있는 인식의 틀로 해석하고, 자신이 접한 자극이 '지속적으로 존재하며 되풀이해서 나타나는 물리적 대상'으로서 예견된 행태를 보이지 않을 때 놀라게 되는 것이다. 관찰을 통해 우리의 추측이 유의미한 것으로 파악된다면, 그러한 관찰은 '지속적으로 존재하며 되풀이해서 나타나는 개별적 사물들의 체계'가 언어 학습 과정에서 얻어졌다기보다는 오히려 타고난 것이라는 주장을 뒷받침하는 것이다.

이러한 관계는 우리가 접하는 자극과 그것에 연관되어 '우연히 떠오른 생각'을 고려할 때도 똑같이 적용된다. 생물학자인 모노는 최근의 실험적 연구를 조사한 후 동물들이 추상적 범주, 특히 '삼각형'이나 '원'과 같은 기하학적 범주에 따라 사물과 관계들을 분류할 능력이 있다는 데는 의심의 여지가 없다고 주장했다. 한 실험 연구는 그러한 분석을 뒷받침하는 신경학적 근거를 찾아내는 데 어느 정도 성공한 것 같다. 이 연구 결과에 따르면 인간과 동물에게는 원초적으로 주어진 신경학적 분석 체계가 있어서, 이러한 체계는 적절한 한계 시기에 자극이 주어지지 않으면 퇴화할 수도 있지만, 그렇지 않은 경우에는 유기체에 따라 정도가 다르기는 하지만 특정한 경험을 특정한 방식으로 해석할 수 있게 해준다. "현대 과학의 이러한 발견은 새로운 의미

에서 데카르트와 칸트의 주장을 뒷받침하는 한편, 약 2세기 동
안 학계를 지배하면서 '내재적'인 인식의 틀이 있다는 가설을
의심해온 철저한 경험주의를 반박한다"는 모노의 주장을 뒷받
침하는 결과로 여겨진다. 우리가 아는 한, 동물은 유전적으로
결정된 프로그램에 따라 학습한다. 의심할 여지 없이 "인간 지

> 인간과 동물에게 원초적으로 주어진 신경학적 분석 체계
> 는 적절한 한계 시기에 자극이 주어지지 않으면 퇴화할
> 수도 있지만, 그렇지 않은 경우에는 특정한 경험을 특정
> 한 방식으로 해석할 수 있게 해준다.

식의 근본적 범주들과, 그보다 덜 근본적이라 할지라도 개인과
사회 모두에 매우 중요한 의미를 띠는 인간 행동의 다른 측면들
도" 마찬가지로 유전적인 경향을 보인다.[15] 특히나 명백히 인간
에게만 독특하게 나타나는 언어 능력도 그러하고, 또 언어로,
시각적 이미지로, 행동 계획으로, 혹은 진정한 예술적 창조나
과학적 창의의 형태로 나타나는 인간의 상상적 사고 능력도 마
찬가지다.

경험주의 사상의 또 다른 문제점은 고유명사에 대한 러셀의

---

15 Monod, *Le Hasard et la nécessité*, pp. 167~168(한국어판: 조현수 옮김, 《우
    연과 필연》, 215~216쪽).

분석에서도 나타난다. 우선 그는 "고유명사란 우리의 흥미를 끄는 연속적인 시공간의 한 부분을 지칭하는 어휘"[16]라고 할 수 있지만, 그렇다고 해서 공간적–시간적 연속성이 필수 불가결한 것은 아니라고 덧붙인다. 다시 말해, "이름을 붙일 수 있는가 없는가" 하는 기준을 결정하는 것은 경험적 문제다. 그것은 어떤 자의적 유기체나 러셀이 종종 "논리적 성인(聖人, saint)"이라 부르는 존재가 아니라, 생물학적으로 주어진 인간 정신이 경험적으로 결정하는 문제다. 공간적–시간적 연속성은 특정한 초점–배경figure-ground이나 다른 형태적 속성, 혹은 인간 행동의 공간 속에서 어떤 사물이 지니는 기능과 같은 한 가지 요소임에는 틀림없다. 그러나 상황은 이보다 훨씬 더 복잡해 보인다. 예를 들면, 특정한 예술 형태의 한 예로서 화가가 어떤 물체들을 특정한 방식으로 배열했다면 그것에 특정한 이름을 붙일 수 있을 것이다. 가령 그것은 모빌mobile이라고 불릴 수도 있을 것이다. 그렇다고 해서 그것이 공간적 연속성이라는 조건을 충족할 필요는 없다. 그러나 그 물체들이 임의로 우연히 배열되어 있는 경우에는 그 배열 자체가 특정한 이름을 붙일 수 있는 '사물'로 간주되지는 않는다. 이러한 주장이 옳다면, '이름을 붙일 수 있

---

16   *Human Knowledge*, p. 89.

는 사물'이라는 우리의 개념은 결국 그 '사물'을 만들어낸 사람의 의도라는 문제를 고려하지 않고는 생각할 수 없다. 우리는 틀림없이 좀 더 심층적인 분석을 통해 이름 붙이기의 밑바탕에 깔려 있는 추상적인 다른 조건들도 드러내 보일 수 있을 것이다. 인간의 경험 세계를 해석하기 위해 내재적으로 주어진 기제 schematism를 갈고 닦는 데 경험이 어떤 구실을 하는 것은 틀림없지만, 바탕의 추상적인 조건들이 밀의 경구처럼 어떤 체계 scheme를 통해 학습된다고 가정하기는 어렵다. 경험의 기여가 어느 정도인가 하는 것은 과학적 탐구를 통해서 답을 구해야 할 문제다. 그러나 이와 관련해서도 우리는 케임브리지대학교의 플라톤주의자였던 헨리 모어*가 한 말, 곧 "우리의 영혼은 첫 번째 접한 사소한 실마리만 가지고서도 노래 전체를 다 부를 수 있다. 그전부터 이미 알고 있었기 때문이다"라는 언명이 어느 정도 진실이라는 점에 새삼스레 놀라지 말아야 한다.

---

* Henry More(1614~1687). 영국의 철학자. 케임브리지대학 졸업 후 그곳에서 평생 연구원으로 지냈다. 기독교를 근간으로 한 플라톤주의를 주장했고, 데카르트의 저작에 관심을 기울였다. 홉스의 유물론을 반대하고 영혼의 불멸과 유기적 자연관을 피력했으며, 인간이 선천적으로 가지고 있는 본유관념이 존재한다는 주장으로 유명하다. 본문에도 언급되다시피, 원과 같은 기하학적 도형이 실재에는 없는 완전성과 정확성을 기한다는 점을 논거로 하여, 외적 경험은 지식을 낳기보다 이를 상기시키는 요인에 불과하며 인과 관계, 전체와 부분 등은 본유관념의 전형적인 예라고 생각했다.

이름 붙이기naming는 궁극적으로 설명 불가능하다는 주장이 제기되기도 했다. 그러한 주장에 따르면, 이름 붙이기는 되풀이되는 현상을 기록하는 방법에 지나지 않으며, "주어진 일련의 낱말들을 제대로 조합했는지 여부를 검증하는 방법"일 뿐이므로, 그 이상의 어떤 설명을 제시하고자 하는 욕망은 "언어를 초월하려는 프로테우스적인* 형이상학의 욕심"이라는 것이다.[17] 내가 보기에 이러한 주장은 별 의미가 없다. 되풀이되는 현상이라는 증거와 실험적인 시험을 바탕으로 해서, 개인이 습득하고 사용하게 되는 개념들의 체계를 체계적이고 이론적으로 설명해보려 할 수 있고, 나아가 제한된 경험에서 이러한 개념 체계를 끌어내게 하는 선험적인 원리, 조건, 가정들의 체계를 생각해낼수도 있다. 이러한 지적 과정이 성공할 수 있는가 여부에 관계없이, 이러한 시도가 어째서 '프로테우스적인 형이상학의 욕망'을 반영한다는 것인지 나로서는 이해할 수 없다. 이러한 지적 시도는 쉽게 이해할 수 있는 것이 아닌가. 후천적으로 습득한 개념에 관한 이론이나 개념 체계를 습득하는 근거에 관한 이

---

*   그리스 신화에서 프로테우스는 갖가지 모습으로 둔갑하며 예언 능력이 있는 신으로 간주된다. 여기서는 가변성을 의미한다.

17   David Pears, "Universals", Antony Flew, ed., *Logic and Language*, 2판 (New York: Philosophical Library, 1953), pp. 63~64.

론이라는 것은 확실한 증거로 뒷받침될 수가 없다. 이 문제는 결코 간단하지 않다. 게다가 구체적 사례로부터 '일반화'를 도출하는 귀납법이 어떤 의미에서든 그 문제와 큰 관련이 있다고 생각할 아무런 이유도 없다.

러셀은 비트겐슈타인이나 다른 많은 철학자들과 마찬가지로 "한 낱말(a word)이 어떤 의미를 지니는가를 알아낼 수 있는 두 가지 방식"이 존재한다고 가정한다. 언어적 정의, 곧 다른 낱말을 이용해 그 의미를 정의하든가, 아니면 직접 가리키며(지시적으로—옮긴이) 정의하는 것이다.[18] 사실을 기술記述하는 면을 보자면 이러한 접근법은 그 타당성이 의심스럽다. 진정한 언어적 정의는 매우 드문 일인지 모른다. 일상적인 개념을 언어적으로 정의하기가 어렵다는 것은 잘 알려져 있다. 예를 들면, '게임'이라든가 '약속'과 같은 개념을 정의한다고 생각해보자. 극히 부분적으로만 정의를 내릴 수 있을 것이다. 일반적으로 '언어적 정의'라고 하는 것은 단지 실마리를 제시할 뿐이고, 언어와 세계에 관한 매우 풍부하고 고도로 정교한 이론을 이미 갖추고 있는 사람만 올바르게 해석할 수 있는 것이다. '지시적 정의' 역시 마찬가지임이 틀림없다. 밀의 경구나 어떤 다른 학자들의 이론

---

18 *Human Knowledge*, p. 18.

도, 어린아이나 성인이 새로운 어떤 낱말이 지니는 의미나 가리키는 사물을 제한된 조건 아래서 똑같이 받아들이는 보편성과 구체성을 설명해줄 수는 없다. 컴퓨터가 이 같은 작동을 하도록 프로그램을 만들려는 사람은 분명히 알게 될 것이다. 일반적인 조건에서 인간은 제한된 용법으로 어휘를 배운다. 세상과 짧고 개인적이며 극히 제한된 접촉을 하면서 우리는 주어진 어휘가 의미하는 바를 파악할 수 있게 된다. 특정한 사례를 분석해보면, 가령 '실수', '시도', 또는 '기대', '비교하다' 또는 '죽다'와 같은 서술어나 보통명사처럼 아주 쉽게 습득할 수 있는 어휘들을 분석하면 우리는 곧, 실제 세계에 관한 아주 다양한 가정과 상호 연관된 개념들이 해당 어휘를 언어 체계에 올바르게 위치시키는 데 중요한 역할을 수행한다는 사실을 알게 된다. 이 점은 이제 아주 익숙할 테니 여기서는 더 자세하게 논하지 않겠다. 그러나 가장 단순한 경우로 여겨지는 것들에 대해서도, 경험주의적 가정을 분석의 출발점으로 택하는 지식 습득 방법론을 고집하는 태도는 버려야 할 것 같다.

사실, 경험주의의 어느 부분이 아무런 제약 조건 없이 참되다는 주장에 실체가 있는가? 곧 우리가 이해하는 어휘들의 의미가 우리 경험에서 나온다는 주장 말이다. 인간의 내재적인 구조가 작동할 수 있도록 하기 위해서나 내재된 사고 체계를 가동하기 위해서 경험이 필요하다는 주장은, 결코 '경험주의적'이라고 할 수 없는 이론의 핵심으로서 데카르트, 라이프니츠 등 많은 철학자들이 분명하게 주장해왔다. 이 점을 제외한다면, 각 개인이나 언어들 사이에 존재하는 개념 체계의 차이점은 경험의 차이로 귀착될 것이다. 우리가 특정 언어에만 특수하게 허용된 유전적 변이가 없다고 가정한다면, 또 개개인의 지적인 능력 차를 무시한다면 말이다. 이것은 타당한 가정이다. 이들 차이점은 얼마나 광대한가? 이러한 질문은 분명 경험주의적인 것이다. 그러나 경험이 빈약한 만큼 그 특수하고도 복잡한 신조에 대해 알려진 바가 별로 없기 때문에 인간은 자신이 이해하는 어휘가 자신의 경험에서 도출된다는 주장으로 호도되고 마는 것이 아닌가 한다.

비트겐슈타인은 이렇게 주장했다.

"낱말의 의미는 우리와 무관한 어떤 힘에 의해 주어지고, 그렇기 때문에 어떤 낱말이 정말로 의미하는 것이 무엇인지 알아내기 위해 일종의 과학적 탐구가 이루어져야 할 것 같지만, 이는 잘못이다. 한 낱말은 누군가 그 낱말에 의미를 제공함으로써 특정한 의미를 가지게 된다."[19]

주어진 낱말이 가리키는 것이 의식적이고 명시적인 의미를

---

19 Ludwig Wittgenstein, *Blue and Brown Books*(Harper & Row, Harper Torchbooks, 1958), p. 28(한국어판: 루트비히 비트겐슈타인 지음, 진중권 옮김, 《청갈색책》, 그린비, 2006, 72~73쪽).

설명하는 것이라면(또는 비트겐슈타인이 종종 암시하듯이 그러한 설명을 제공하기에 편리한 수단이라면), 이러한 주장은 거의 받아들일 수 없는 것이다. 반면에 언어 형식과 조직에 일정한 조건을 부여받은 어떤 유기체가 매우 빈약한 근거를 바탕으로 개념과 용법과 용례 사이의 특정한 상호 연관 체계를 어떻게 구성할 수 있을지는 쉽게 짐작할 수 있다. 여기에 신비로운 본성 따위는 없다. 그러한 유기체에 대해 우리는 이들 체계적 구조와 조건을 과학적으로 조사할 수 있을 것이다. 다만 이러한 연구가 왜 어휘의 진정한 의미에 대한 과학적 탐구의 일부로 표현되어서는 안 되는지 분명하지 않다. 낱말은 유기체가 그것에 부여한 의미를 지닌다. 물론 이렇게 '의미를 부여하는 것'이 의식적인 일이라거나 내적인 탐구 대상이 된다고 간주할 필요는 없고, 유기체가 자신이 사용하는 개념들의 체계를 설명할 수 있고 특정한 개념의 특성을 정확하게 기술할 능력이 있다고 가정할 필요도 없을 것이다. 인간의 경우에는 언어의 의미 체계가 의식적 선택과는 무관한 어떤 힘에 의해 전반적으로 결정된다고 생각할 만한 근거가 많다. 정신적 조직이 작동하는 원리는 내적인 탐구의 대상이 될 수 없는 것처럼 여겨지지만, 그렇다고 해서 그것이 인간의 사지와 다른 신체 기관들을 물리적으로 조합하는 원리보다 더 연구하기 어렵다고 생각할 아무런 이유도 없다.

언어 표현과 의미를 '행동주의적'으로 분석하는 이론을 개발하면서 러셀은 언어가 표현되는 환경적 요인들, 그 언어 표현을 청취하는 효과, 그리고 말하는 이가 그 언어 표현으로써 듣는 이에게 끼칠 것으로 기대하거나 의도하는 효과 등을 종합적으로 고려한다.[20] 이러한 고려를 통해 우리는 (물리적인—옮긴이) 원인causes과는 구분되는 (합리적인—옮긴이) 이유reasons를 탐구할 수 있고, '정신적 행위'의 영역으로 나아가게 된다. 러셀이 제시한 분석이 타당성이 있는지 어떤지는 (나 자신은 그의 분석이 타당하다고 생각하지 않지만) 여기서 다루지 않겠다. 그러나 자극과 반응에 대한 연구나 습관의 구조에 관한 연구를 통해 우리가 얻을 수 있는 것은 많지 않다고 그는 되풀이해서 강조한다. 매우 타당한 지적이다. 위에서 말한 의도된 효과들을 고려하면 얼마간 문제를 비켜 갈 수 있겠지만, 내가 볼 때 이러한 분석은 아무리 정교하게 다듬어진다 하더라도 기껏해야 성공적인 의사소통communication에 대한 분석을 제공할 뿐 언어의 의미나 사용에 관한 이론을 제시하지는 못한다. 언어의 의미와 사용을 설명하는 이론은 의사소통이나 의사소통을 하려는 시도와는 관련이 없다. 내가 생각을 표현하거나 분명히 밝히려고, 남을 속이려고, 당혹스러운 침묵을 피하려고, 아니면 다른 여러 가지 목

---

20 Bertrand Russell, *An Inquiry into Meaning and Truth*(London: George Allen & Unwin, 1940), p. 27과 그 외 부분 참조.

적으로 언어를 사용한다면, 그러한 상황에서 내가 사용하는 말은 엄밀한 의미를 가지고 있으며 내 의도를 정확하게 전달할 수 있을 것이다. 그러나 내 말을 듣는 이가 무엇을 믿거나 행동하기를 바라면서 내가 말했는지, 그 의도를 완벽하게 이해한다고 해서 그것이 내 말의 의미를 나타낸다고는 할 수 없을 것이다.

러셀은 '자연집단natural kinds'*의 존재—곧 우리의 경험 세계에서 특정한 속성들이 제한된 양상으로 집단화하는 경향—가 상식적인 추론을 용이하게 하며, 과학적 지식은 흥미롭고 상세한 분석을 통해 인간이 계발하는 일련의 원칙에서 나온다고 주장한다. 한 예로 다음과 같은 원칙을 생각해보자.

물질세계는 서로 다른 몇 가지 소단위로 구성되고, 그러한 단위들로 이루어진 비교적 단순한 구조체를 다스리는 인과 법칙이 있다. 그 법칙에 따라 구조체는 더 적은 갈래로 다시 분류된다. 복잡한 사건들도 이와 마찬가지여서, 각 사건은 또 다른 사건과 인과 관계로 연결된다. 곧 모든 사건은 다소간 동일한 구

---

* 자연집단(natural class). 식물학, 음성학, 음운론 등에서 쓰이는 용어로, 일정한 속성을 공유하는 둘 이상의 구성원을 말한다. 가령 음운론에서는 /p, t, k/가 모두 공기의 흐름을 멈췄다가 일시에 내보내면서 생성하는 소리로 폐쇄음 또는 폭발음이라는 부류에 속한다. 따라서 이들은 한 자연집단에 속한다고 할 수 있다.

조를 가지고 시공간적 연속성에 따라 서로 관련된 채 일정한 시간 동안 앞서거니 뒤서거니 발생한다.

> 이론을 만들어낼 수 있는 인간의 내재적 능력이 세상 구조의 일부 측면과 우연히도 일치하는 한, 우리의 정신 구조는 우리로 하여금 세상을 알게 해준다고 할 수 있다.

러셀에 따르면, 물질세계에는 "'습성'이라고 할 만한 것, 곧 인과 법칙이 있다. 그리하여 동물의 행동도 습성에 따라 이루어지는데, 이러한 습성은 부분적으로는 타고난 것이고 부분적으로는 후천적으로 얻어진 것이다." "우리의 세계도 이러한 작동 원리에 따라 움직이기 때문에 어떤 종류의 귀납법은 온당하지만 그 밖의 귀납법은 그렇지 않다." 이런 사정을 감안해볼 때, 우리는 "세상의 속성이라고 우리 모두가 믿는 특정한 속성들을 세상이 가지고 있을 경우에만 타당한" 추론의 법칙들에 도달하게 된다.[21]

다시 말하면, 이론을 만들어낼 수 있는 인간의 내재적 능력이 세상 구조의 일부 측면과 우연히도 일치하는 한, 우리의 정신 구

---

21 Russell, *Human Knowledge*, pp. 495~496.

조는 우리로 하여금 세상을 알게 해준다고 할 수 있다. 친절하게도 세상이 필요한 속성들을 가지고 있다면, 원칙적으로 우리는 정신의 다양한 능력을 연구함으로써 어떤 이론이 다른 이론에 비해 더 가능성이 있는가, 혹은 우리가 어떤 가능한 이론을 세울 수 있는가, 어떤 형식의 과학 지식을 얻을 수 있는가 알게 될 것이다. 그렇지 않다면 우리는 일종의 '지적인 테크놀로지'—이를테면, 어떤 이유로 제한된 범위 안에서만 작동하는 예측 기술—를 개발할 수 있겠지만, 과학적 지식이나 상식이라 부르기에 합당한 종합적인 지식 체계를 얻을 수는 없을 것이다. 인간이 아닌 어떤 유기체가 이와는 다른 원리들을 원용해서 다른 형태의 과학을 개발하거나 인간의 과학 같은 것은 가지지 않고 살 수도 있을 것이다. 우리의 흥미를 끄는 인간 존재나 물리적 실재의 속성들을 우리가 다 알게 될지 어떨지 현재로서는 알 수 없다. 이 문제에 대한 답은 우리가 인간 이해력의 원리를 성공적으로 확정할 수 있는가에 달려 있다. 러셀의 인식론이 우리에게 제기하는 문제도 바로 이것이다. 다만 그의 이론은 그 자신이 강조하다시피 암시적인 윤곽을 제시한 데 지나지 않는다.

이 문제를 궁구하기 위해서 우리는 인간 지식의 특정한 영역이나 믿음 체계를 탐구해보아야 하고, 그것들의 특성을 판정해야 하며, 그러한 지식과 그 지식의 바탕이 되는 짧고 개인적인 경험의 관계를 연구해야 한다. 지식과 믿음의 체계는 내재적인 메커니즘의 내부 작용, 유전적으로 결정된 성숙 과정, 그리고 사회적이고 물리적인 환경과 주고받는 상호 작용에서 생겨난다. 문제는 이러한 상호 작용의 과정에서 정신이 구성하는 체계를 어떻게 설명하는가 하는 것이다. 지금까지 그러한 연구 방법론에 가장 가까이 간 지식 체계는 인간의 언어 체계다. 언어를 연구하면서 우리는 (적어도 첫 번째 시도에서는) 지식과 믿음을 구분할 필요가 없다. 소리와 의미를 연결하는 규칙과 원리의 체계 곧 문법은 인간의 정신으로 만들어지는데, 이 문법에 대한 외부적인 객관적 준거는 없다. 비록 특정한 화자話者가 만들어 낸 문법 체계가 다른 화자의 문법 체계와 어떻게 부합하는가를 검토해보아야 하지만, 어쨌든 한 사람 한 사람은 각자 자신의 언어(또는 특정한 방언이나 민족어)를 완벽하게 알고 있다고 할 수 있다. 성인 화자가 자신이 속한 지역이나 계층의 방언을 모른다고 말하는 것은 상식에 어긋난다. 그가 살고 있는 언어 공동체의 문법과 구별되는, 한 개인만의 특성이 있을 수는 있다. 언어/언어 구조에 대한 연구와, 사실에 대한 경험적 믿음과 지식을 따로 떼어 볼 수 있다는 것은 상당한 정도는 아니더라도 적어도 어느 정도는 맞는 말이다. 어떤 의미에서 한 개인의 언어 지식은 상대적으로 '순수한 형태'의 지식 습득 능력을 반영한다고 할 수 있다. 바로 그렇기 때문에 이러한 지식이 인간 지식의 '본질적인 측면'이 아니고 따라서 명백한 입증 자료가 되지 않는다고 주장할 수도 있다.[22] 여기에 우리가 조심할 점이 있다. 우리는 얻어진 지식을 합리적으로 타당성 있게 기술할 수 있는 경우에만 지식의 습득이라는 문제를 진지하게 제기할 수 있다고 생각한다. 그러나 상식적 지식이나 믿음의 전형적인 사례는 그렇게 기술되지 않는다. 예를 들면, 사물의 물리적 움직임이나 인간의 사회적 행동, 혹은 행동과 동기의 관계 등이 그렇다.

> 언어 지식은 애초에 내재된 정신 구조에서, 성숙 과정에서, 그리고 환경과 상호 작용하는 데서 얻어진다.

어떤 학자들은, 언어 습득이 다른 형태의 학습까지 가능하게 하는 더 일반적인 원리를 바탕으로 이루어진다고 주장함으로써, 이와는 다소 다른 견해를 펼쳐왔다.* 그러한 견해는 언어에

---

22 이 문제와 관련된 매우 흥미로운 논의로 다음을 보라. Roy Edgely, "Innate Ideas", G. N. A. Vesey, ed., *Knowledge and Necessity*, Royal Institute of Philosophy Lectures(New York: St. Martin's Press, 1970).

* 촘스키는 언어 습득이 인간만의 고유한 능력이며 인간이라는 종이 지닌 특정 유전자로 말미암은 것이라고 주장하는 반면, 스키너 같은 행동주의 심리학자들은 인간의 언어도 자극과 반응이라는 일반적인 학습 이론에 따른 결과라고 주장한다.

관한 지식의 특수한 측면—그중 몇 가지를 뒤에서 곧 다루겠지만—이 어떻게 일반적인 '학습 책략learning strategies'이나 '발전 원리principles of development'로 설명되는지 논증할 수 있어야 의미 있는 이론이 될 것이다. 지금까지 제시된 것들은 아주 막연하기 때문에 현재로서는 평가하기가 불가능하다.

언어 지식은 애초에 내재된 정신 구조에서, 성숙 과정에서, 그리고 환경과 상호 작용하는 데서 얻어진다. 그러므로 처음부터 태생적으로 결정된 정신 구조와 성숙 과정이 상당한 제약으로 작용한다 하더라도, 우리가 습득하는 지식이 아무런 차이도 없이 동일하리라고 생각할 이유는 없다. 인간 언어에서 특정한 불변의 속성들을 발견하게 되었다고 생각해보자. 그런 경우에 이들 불변 속성이 정신의 속성을 반영한다고 가정하는 것은 (반드시 옳은지는 알 수 없지만) 매우 타당해 보인다. 마치 특정한 새의 노랫소리에서 불변의 속성을 발견했을 때, 그 속성은 그 종류의 새만이 가지는 유전적 요인에서 나온다고 가정하는 것이 타당한 것과 마찬가지다. 이러한 주장은 경험적인 것이므로 사실적 증거로써 타당성을 증명할 수 있다. 한편 또 다른 설명으로서, 문제의 불변 속성들은 충분히 통일된 환경에서 매우 잘 규정된 '학습 책략'이 적용되었기 때문에 생겨난 것이라고 가정해볼 수 있다. 앞으로 곧 보게 될 경우에서, 그리고 다른 많은 경우에서, 내 생각에 이러한 설명은 설득력이 가장 떨어진다. 어떤 경우든 탐구를 위한 경험적 조건들은 분명하다.

불변 속성은 여러 단계의 추상화나 의미에서 나타날 수 있다. 예를 들면 영어의 특정한 방언을 조사하는 과정에서, 서로 다른 개인적 경험을 가지고 있는 화자들이 유사한 용법을 사용하는 것을 발견할 수 있다. 게다가 언어를 광범위하게 조사해보면, 사고와 의사소통 체계에 결코 필요하지 않은 속성들이 동일하게 나타나는 경우를 볼 수 있다. 예를 들면, 어떤 특정 언어에서 '이름을 붙일 수 있는가'를 결정하는 원리는 러셀이 탐구하고자 했던 단순한 조건일 수도 있다. 곧 연속하는 시공간의 한 부분이 바로 '이름을 붙일 수 있는 사물'인 것이다. 그러나 인간의 언어에서는 앞에서 살펴본 것처럼, 어떤 것이 '이름을 붙일 수 있는' 것인지를 결정하는 문제에 다른 조건들도 개입한다. 의미 표상의 다른 측면들을 조사해봄으로써 우리는 언어의 또 다른 특성들이 이 문제에 관여하고 있음을 알 수 있다. 문장의 의미를 생각해보자. 문장 의미의 어떤 측면은 어휘의 순서와 어구를 이루는 낱말의 배열 위치에 따라 결정되기도 한다. 또 어떤 의미는 훨씬 더 추상적인 구조와 관련된다. 아주 간단한 경우를 보자. "John appealed to Bill to like himself"와 "John appeared to Bill to like himself"라는 두 문장을 비교해보자.[23] 두 문장은 외형상 거의 같아 보이지만 해석은 명백히 다르다. "John appealed to Bill to like himself(존은 빌에게 자기 자신을 좋아하라고 간청했다)"라고 말했을 때 이 문장의 의미는 '빌이 빌 자신을 좋아해야 한다'는 뜻이다. 그러나 "John appeared to Bill to like himself(빌에게 존은 스스로를 좋아하는 것처럼 보였다)"라고 말했다면, 여기서 자기 자신을 좋아하는 것은 빌이 아니라 존이다. 다시 말해 이들 두 문장은 내가 '심층 구조'라고 일컫는 층위에서만 의미상 중요한 문법적 관계가 직접적으로 표현된다.*

이들 예는 낱말들 간의 의미 관계를 나타내지만 의미 표상은 말마디 간의 관계를 내포하기도 한다. "I would speak about such matters with enthusiasm(나는 열정적으로 그러한 문제에 대해 말한다)"이라고 말했다고 가정하자. 이 서술문은 중의적이다. 다시 말해 이 문장은 내 말소리가 열정적이라는 의미도 되고, 내가 그 문제를 두고 말하는 것에 열정을 쏟는다는 의미가 되기도

---

23 이 예문은 R. 도허티(Dougherty)가 제시했다. 이후의 논의에서 사용할 예문들은 특별한 언급이 없는 한 주로 조앤 브레스넌(Joan Bresnan), 하워드 라스닉(Howard Lasnik), 마이클 헬케(Michael Helke), 폴 포스틸(Paul Postal) 등의 저작에서 인용했다.

* 두 문장의 심층 구조는 각각 John appealed to Bill[Bill to like himself(=Bill)], It appeared to Bill[John to like himself(=John)]이다. 이들 심층 구조에서는 앞 문장의 경우 빌이 빌을 좋아한다, 뒷문장의 경우 존이 존을 좋아한다는 의미가 표현되어 있다. 촘스키가 주창한 변형생성문법에서는 이들 심층 구조에서 본문에 쓰인 표층 구조가 도출되는 것으로 간주된다. 곧 앞 문장의 심층 구조에서 두 번째 빌이 생략되고, 뒷문장의 심층 구조에서는 존이 내포문의 주어 자리에서 전체 문장의 주어 자리로 이동하게 된다.

한다. 'with enthusiasm(열정적으로)'이란 구절이 동사인 'speak(말하다)'와 연결되느냐, 아니면 전체 어구 'speak about such matters(그러한 문제에 대해 말하다)'와 연결되느냐에 따라 의미가 달라지는 것이다. 이러한 문제를 연구함으로써 우리는 문장의 의미가 인간의 언어에서 어떻게 표상되는지, 그리고 그러한 표상들이 낱말의 순서, 말마디의 내부 구조, 그리고 물리적인 발화(發話: 실제로 소리 내어 말하는 행위—옮긴이)와 복잡하게 연관된 추상적 구조 등 언어 형식의 다양한 측면들과 어떻게 연관되는지 합리적인, 그러나 아직은 단편적이고 임시적인 가설들을 모색할 수 있을 것이다.

언어의 물리적 측면에 대해서도 우리는 이와 유사한 결론에 도달한다. 곧 원칙적으로 물리적인 차원에서 언어음(言語音: 발음 기관에서 만들어져 말로써 사용되는 소리—옮긴이)을 결정하는 데 사용될 수 있는 요소들이 많지만, 사실상 제한된 범위의 속성만을 사용할 뿐인데도 인간의 언어는 다양하다. 페르디낭 드 소쉬르의 선구적인 업적 이후 지금까지 언어 연구가 보여준 바대로, 언어에 쓰이는 소리는 한정된 원리에 따라 체계적인 관계망을 형성한다. 훨씬 더 놀랄 만한 사실은, 언어음 패턴의 체계적인 구조는 물리적인 언어음 자체를 분석할 때가 아니라, 엄밀하게 제한된 규칙에 따라 추출된 표준적인 언어음 패턴으로 분석할 때 훨씬 더 잘 드러난다는 것이다. 여기서 말하는 체계적으로 제한된 규칙을 잇따라 적용하면 언어음의 추상적인 기저 표상(사람들이 각자 내는 언어음의 바탕이 되는, 추상적으로 추출된 표준음 – 옮긴이)은, 말하는 사람이 머릿속에 간직하고 있는 그 소리(사람들 머릿속에 있는 표준음의 소리 – 옮긴이)와는 똑 닮지 않을 수도 있는 물리적 구조물(사람들 각자의 신체 기관에서 실제로 나오는 소리 – 옮긴이)로 변환된다. 내 생각에는 최근의 언어학 연구 성과를 보면 바로 이런 점에서 매우 중요한 통찰력을 얻은 것 같다.[24]

자연 언어에 사용되는 언어음의 표상(발음되는 말소리 – 옮긴이)과 의미의 표상(말로써 드러내는 의미 – 옮긴이)을 연구함으로써, 우리는 인간이라는 유기체 그 자체에서 비롯된다고 볼 수 있는 불변의 속성들을 어느 정도 이해할 수 있게 되고 지식의 습득이라는 과제에 기여하게 된다. 또한 인간이라는 유기체가 경험을 조직하고 인지 체계를 구성하려는 노력의 일환으로 감각 정보에 적용하는 도식적 체계도 얼마간 이해할 수 있을 것이다. 그러나 가장 흥미롭고 놀라운 것은 자연 언어의 소리와 의미를 연결하는 규칙 체계라고 할 수 있다. 이들 규칙은 여러 가지 범주들로 구분될 수 있고, 사고 체계나 의사소통 체계에는 전혀 필요하지

---

24 언어음의 구조에 대한 일반 이론을 영어에 적용한 것으로 Noam Chomsky and Morris Halle, *Sound Patterns of English*(New York: Harper & Row, 1968)가 있다. 또한 Steven Anderson, Michael Brame, Joan Bresnan, Charles Kisseberth 등의 연구 결과 참조.

않은 불변의 속성을 드러낸다. 이 사실은 인간 지능human intelligence 연구와 관련해서 매우 흥미로운 점을 암시한다.

예를 들면, 영어에서 의문문을 만드는 규칙을 생각해보자. "The dog in the corner is hungry(구석에 있는 개는 배고프다)"란 문장을 생각해보자. 이 문장을 가지고 우리는 매우 단순한 형식적 절차, 곧 'is'라는 요소를 문장의 앞으로 옮기도록 하는 규칙에 따라 "Is the dog in the corner hungry(구석에 있는 개는 배고픈가)?"라는 의문문을 만들 수 있다.

평서문: The dog in the corner is hungry.
의문문: Is the dog in the corner hungry?

다양한 의문문 생성 사례를 보건대, 영어를 연구하는 언어학자는 몇 가지 가능한 의문문 생성 규칙을 제시할 수 있다. 두 가지 규칙을 생각해보자. 첫 번째 규칙은 다음과 같다. 곧 의문문을 만들려면 우선 문장의 주어가 되는 명사구를 확인하고, 이 주어 명사구 바로 뒤에 나오는 'is'를 문장의 맨 앞으로 옮긴다. 이 규칙에 따르면 위의 예문에서 주어 명사구는 'the dog in the corner(구석에 있는 개)'다. 이 주어 명사구 뒤에 있는 'is'를 문장의 맨 앞으로 옮겨 의문문을 만든다. 이렇게 하는 것을 '구조 의존적 작업structure-dependent operation'이라 부르자. 이 말은 이러한 작업이 문장을 이루는 요소들의 나열 순서만이 아니라, 그 구조도 고려해야 한다는 것을 의미한다. 위 예문에서는 'the dog in the corner'가 어구일 뿐 아니라 명사구라는 사실을 고려해야 한다.

의문문에서, '구조 의존적이지 않은 작업structure-independent operation'을 제시할 수도 있다. 곧, 가장 왼쪽에 나오는 'is'를 취하여 문장의 맨 앞으로 옮기라는 규칙을 생각해볼 수 있다. 그렇다 하더라도 우리는 구조 의존적 작업이 올바른 규칙이라는 점을 쉽게 알 수 있다. 예를 들어 "The dog that is in the corner is hungry(구석에 있는 저 개는 배고프다)"와 같은 문장을 놓고, 우리가 방금 제시한 구조 의존적이지 않은 규칙을 적용하여 "Is the dog that — in the corner is hungry?" 같은 의문문을 만들어내지는 않는다. 실제로는 구조 의존적인 작업을 적용해서, 먼저 주어 명사구인 'the dog that is in the corner(구석에 있는 저 개)'를 찾아낸 다음에, 그 주어를 뒤따르는 'is'의 위치를 맨 앞에 둠으로써 "Is the dog that is in the corner — hungry?"라는 의문문을 만드는 것이다.

The dog that <u>is</u> in the corner <u>is</u> hungry.(원래 문장)

<u>Is</u> the dog that in the corner <u>is</u> hungry?

(구조 의존적이지 않은 규칙)

<u>Is</u> the dog that <u>is</u> in the corner hungry?

(구조 의존적인 규칙)

    간단한 예지만, 그 결과는 어떤 점에서 보면 매우 놀라운 것이다. 구조 의존적 작업이 의사소통상의 효율이나 '단순성' 측면에서는 아무런 이점도 없다는 점을 주목하자. 가령 컴퓨터를 이용하여 형식적 조작을 위한 인공 언어 체계를 고안한다고 가정한다면, 우리는 틀림없이 구조 의존적이지 않은 작업을 선호할 것이다. 주어진 문장의 낱말들을 스캔하기만 하면 되니까 작업하기가 훨씬 더 단순하기 때문이다. 낱말들이 서로 어떤 관계를 맺는지 구조를 살펴볼 필요도 없고, 또 주어진 문장의 구조를 알려주는 어떠한 물리적 표시도 없기 때문에 구조 의존적이지 않은 작업이 훨씬 더 쉬워 보인다. 수학자들은 문자열을 이용하여 도치倒置나 뒤섞기와 같은 구조 의존적이지 않은 작업들을 연구해보았다. 그러나 희한하게도, 같은 맥락에서 '구조 의존적인 작업'이라는 흥미롭고도 복잡한 개념을 연구해보려는 사람은 없었다. 일상적인 경험에서 구조 의존적 작업이 올바르다는 증거를 찾아내기란 거의 쉽지 않다는 점을 주목하자. 어떤 사람이 평생을 살아도 이들 두 가지 원리, 곧 구조 의존적 작업 가설과 구조 의존적이지 않은 작업가설 중 어느 하나를 선택할 수 있게 해주는 결정적인 경우를 만나지 못할지도 모른다. 그러나, 그러한 증거를 전혀 보지 못한 어린아이라도 평서문 "The dog that is in the corner is hungry"에 대응하는 의문문을 만들고자 할 때는 처음부터 구조 의존적 작업을 적용할 것이 틀림없다. 아이들이 언어 습득 과정에서 어떤 실수를 저지른다 하더라도, 아무리 언어적 경험이 일천하다 하더라도, 그리고 구조 의존적이지 않은 작업의 규칙이 훨씬 더 단순하다 하더라도, "Is the dog that in the corner is hungry?" 같은 의문문을 만드는 아이는 없으리라고 나는 확신한다. 게다가 영어나 다른 어떤 언어의 문법에서도 지금까지 알려진 모든 구문構文은 구조 의존적으로 만들어진다. 바로 이러한 사실이 언어에서 발견되는 불변 원리의 단적인 예로서, 어쩌면 언어 형식의 보편 원리, 다시 말하면 보편문법의 원리라고 불릴 만한 것이다.

> 지금까지 알려진 모든 구문構文은 구조 의존적으로 만들어진다. 바로 이러한 사실이 어쩌면 언어 형식의 보편 원리, 다시 말하면 보편문법의 원리라고 불릴 만한 것이다.

　이러한 사실들에 비추어 볼 때, 구조 의존적인 작업은 인간의 정신이 경험 자료에 적용하는 내재적 조직 체계의 일부라고 간주하는 것이 자연스럽다. 데카르트가 '정삼각형이라는 발상'은 원래부터 존재했다고 주장한 것과 같은 의미에서, 그것은 '원래부터 우리 머릿속에 들어 있었다.' 데카르트에 따르면 "우리는 정삼각형이라는 개념을 우리 안에 이미 가지고 있기 때문에, 그리고 종이에 그려진 삼각형의 까다로운 형상보다 훨씬 더 쉽게 마음속에 삼각형을 그려볼 수 있기 때문에, 현실에서 우리가 종이에 있는 그 복합적인 모양을 볼 때, 사실은 (눈에 보이는—옮긴

> 구조 의존적인 작업은 인간의 정신이 경험 자료에 적용하는 내재적 조직 체계의 일부라고 간주하는 것이 자연스럽다.

이) 그 자체를 인식하지 않고 오히려 마음속에 그려지는 진정한 삼각형을 보게 된다."[25] 앞서 말한 대로, 삼각형 같은 도형과 사

---

25 *The Philosophical Works of Descartes*, trans. E. S. Haldane and G. R. T. Ross(New York: Dover Publications, 1955), Vol. 2, pp. 227~228. 더 심층적인 논의와 참고 자료를 보려면 나의 *Cartesian Linguistics*(New York: Harper & Row, 1966)와 *Aspects of the Theory of Syntax*(Cambridge, Mass.: The MIT Press, 1965)의 1장, 그리고 *Language and Mind*(New York: Harcourt Brace Jovanovich, 1968) 참조. '인간의 인식에 맞춰지는 사물'과 일반적인 의미에서의 '이성주의적 이상주의'라는 주제로 칸트의 저작을 다룬 선구적인 영어 연구서로는 Arthur Lovejoy, "Kant and the English Platonists", *Essays Philosophical and Psychological: In Honor of William James*(New York: Longmans, Green & Company, 1908)를 보라.

물들에 대한 경험을 해석하는 도식을 제공해주는 신경생리학적 구조는 어슴푸레 이해되기 시작했다. 그러나 언어에 대한 신경 생리학은 아직도 여전히 미지의 영역으로 남아 있다. 그러나 이용할 수 있는 극히 제한된 정보를 바탕으로 우리에게 언어 지식을 제공해주는 미지의 두뇌 구조 속에 구조 의존적 작업이라는 개념이 '내장되어 있다'고 가정하는 것은 매우 타당하다고 생각된다.

언어를 더 면밀하게 연구하면, 우리는 경험 하나만 가지고서는 결코 설명할 수 없는 매우 놀라운 속성들도 발견할 수 있다. 다시 간단한 예를 들어보자. 가령 "I believe the dog to be hungry(나는 저 개가 배고프리라고 생각한다)"라는 문장을 보자. 이 문장을 수동태로 만들면 "The dog is believed to be hungry(저 개는 배고프리라고 생각된다)"다. 우선, 이 수동태 문장은 문장의 주요 동사와 그에 뒤따르는 명사구의 위치를 맞바꾸고, 여기서는 굳이 다룰 필요가 없는 몇 가지 변형을 더하는 구조 의존적 작업을 거쳐 만들어진다고 생각할 수 있다.

다음으로 "I believe the dog's owner to be hungry(나는 저 개의 주인이 배고프리라고 생각한다)"라는 문장을 생각해보자. 위에서 말한 규칙을 적용하면, 우리는 앞에서와 마찬가지로 우선 'believe(생각한다)'란 주요 동사와 그에 뒤따르는 명사구인 'the dog(저 개)'를 찾아내고, "The dog is believed's owner to be hungry"와 같은 문장을 만들게 될 것이다. 이는 명백히 틀린 문장이다. 여기서 우리가 해야 할 일은 명사구 'the dog'이 아니라 그것을 포함한 전체 명사구 'the dog's owner(저 개의 주인)'를 들어내서, 궁극적으로 "The dog's owner is believed to be hungry(저 개의 주인은 배고프리라고 생각된다)"라는 문장을 만들어내는 것이다. 수동태 문장을 만드는 방법은 애매하다. 이러한 애매함은 동사 바로 뒤에 나오는 가장 큰 명사구를 적용 대상으로 삼는다는 강력한 규칙을 부여함으로써 해결할 수 있다. 이것은 구문의 형식이 띠는 일반적 속성이기도 하다. 과거 10여 년간 구문의 형식에 그러한 조건들을 적용하는 문제가 아주 심도 있게 분석되어왔다. 결정적인 공식화가 되려면 아직 멀었지만, 매우 흥미로운 사실들이 밝혀지기도 했다. 이러한 조건들이 언어를 습득하는 과정에 우리 머릿속에서 적용되는 도식의 일부임에는 틀림없는 것 같다. 다시 말해 이러한 조건들은 올바르게 이해된다면 불변인 것으로 보이지만, 언어 학습자들이 그것을 적용한다고 입증해주는 자료를 얻기란 쉽지 않다.

　언어 형식을 바꾸는 작업의 아주 흥미로운 속성 하나는 비록 그러한 작업들이 구조 의존적이더라도, 중요한 의미에서 낱말이나 구문의 뜻과는 상관없다는 사실이다. 다음 세 문장을 비교해보자.

"I believed your testimony."

(나는 당신의 증언을 믿었다.)

"I believed your testimony to be false."

(나는 당신의 증언이 거짓이라고 믿었다.)

"I believed your testimony to have been given under duress."

(나는 당신의 증언이 강요를 받고 나온 것이라고 믿었다.)

이들에 대응하는 수동태 문장은 다음과 같다.

"Your testimony was believed."

(당신의 증언은 신뢰를 받았다).

"Your testimony was believed to be false."

(당신의 증언은 거짓으로 여겨졌다.)

"Your testimony was believed to have been given under duress."

(당신의 증언은 강요를 받아 나온 것으로 여겨졌다.)

세 가지 경우 모두 좀 전에 비공식적으로 제시한 규칙에 따라 수동태가 만들어졌다. 이 수동태 규칙은 주동사와 그 뒤에 나오는 명사구의 문법적 관계나 의미상 관계에 전혀 개의치 않는다.

"I believed your testimony"라는 문장에서 명사구 'your testimony(당신의 증언)'는 동사 'believe(믿다)'의 문법적 목적어다. 그런데 "I believed your testimony to be false"에서 목적어인 명사구 'your testimony(당신의 증언)'는 'believe'와는 관련이 없고, 다만 'to be false(거짓이다)'의 주어에 해당한다. "I believed your testimony to have been given under duress"에서도 목적어인 명사구 your testimony는 'believe'와 관계가 없고 내포된 동사 'give(주다, 내다)'의 문법적 목적어가 된다. 그렇지만 수동태 규칙은 이들 세 경우에 모두 구분 없이 적용될 뿐, 이러한 의미의 차이에는 아무런 주의를 기울이지 않는다.[26] 따라서 중요한 의미에서 이들 규칙은 구조 의존적이고, 오로지 구조에 의존할 뿐이다. 기술적으로 말하자면 이들 규칙은 추상적으로 분류되는 문장 성분에 적용되는 것이지 문법 체계나 의미 관계 그

---

26 뒤의 두 문장은 수동태 규칙에 따라서가 아니라 "it is believed(your testimony...)((당신의 증언은 ……)라고 여겨진다)"라는 기저 문장에서 이른바 'it 치환(replacement: 문장 앞이나 중간에 긴 명사절이나 구가 나올 경우, 그 자리에 it을 쓰고 해당 명사절이나 구는 문장 뒷부분에 놓는 용법-옮긴이)'에 따라 도출된다고 주장할 수도 있을 것이다. 그렇다면 이러한 도출과 관련 있는 수동태 규칙 및 다른 규칙에도 같은 주장을 적용해보자. 특정한 어휘 항목의 속성이 변형의 허용 여부를 결정할 수 있고, 특정한 변형이 적용된 경우에는 의미 해석 규칙들이 적용될 수 없다는 점을 주목해야 한다. 변형에서의 이러한 '여과 효과'로 말미암아 결과적으로 특정한 경우에 치환 용법은 적용될 수 없게 된다.

자체에 적용되지는 않는다. 물론 이러한 주장이 선험적으로 참이어야 할 필연적인 이유는 없다. 그러나 이 주장이 참이라면, 언어의 이러한 특성은 경험적으로 알 수 있는 사실이다. 인간에게 어떤 것이 인간 언어로 가능한가를 규정해주고 인간이 습득한 언어 지식의 일반적 특성을 정해주는 규칙들이 인간이라는 유기체의 '선천적'인 속성이라고 가정하는 것은 타당한 일이다. 그러나 이러한 규칙을 가지지 않은 언어 체계를 상상해보는 것도 어렵지 않다. 우리의 가정이 옳다면 그러한 언어 체계는 일종의 퍼즐이나 지적 게임으로 학습될 수는 있겠지만, 인간 아이가 보통 말을 배우는 방식으로 습득하는 것은 불가능할 것이다.

여기서, 이러한 설명이 문장 형식을 구성하는 작업에 대해 내가 말해왔던 맥락에서는 매우 부정확한, 오해의 소지가 큰 설명이라는 점을 밝혀두어야겠다. 사실 진지한 언어 연구에서 구조 의존적 작업이란 기저 문장의 추상적인 형식에 적용되는 것이지, 실제로 말해지거나 글로 쓰인 물리적 사건으로서의 언어에 적용되는 것이 아니다. (앞서 말했듯이, 소리 구조의 경우에도 마찬가지다.) 이들 언어 형식과 그것에 적용되는 작업들은, 우리가 언어를 습득하면서 얻는 지식 체계를 이해하고, 또 문장이 어떻게 만들어지고 이해되는지 설명하고자 노력할 때, 우리에게 유심적 존재mental entities로 받아들여진다. 이러한 생각은 (마치 눈에 보이지는 않지만 그 존재가 분명한—옮긴이) 유전자나 전자를 인정하는 것만큼이나 전혀 이상하거나 불가사의한 일이 아님을 나는 강조하고 싶다. 설명의 편의를 위해, 계속해서 '구문상의 작업'이라는 개념을 사용하겠지만, 이것은 지나친 단순화임을 명심해야 한다.

이러한 설명은 다른 측면에서도 우리를 호도할 수 있다. 문제의 규칙들은 자연 법칙이 아니고 또 어떤 권위자가 세우거나 부과한 법칙도 아니다. 이들 규칙은 우리의 이론적 접근이 맞는다면, 우리의 머릿속에서 지식의 습득 과정에 따라 구축되었다. 우리는 이 규칙들을 어길 수도 있고, 실제로 규칙을 무시함으로써 강력한 문학적 효과를 얻기도 한다. 아주 간단한 예로 레베카 웨스트*의 다음 말을 보자.

"A copy of the universe is not what is required of art; one of the damned thing is ample(우주를 그대로 베끼는 것은 예술이 요구하는 바가 아니다. 그따위 베끼기는 무수히 많다)."[27]

이 말은 "one of the books is here(그 책들 중 한 권은 여기 있

---

* Rebecca West(1892~1983). 본명 시실리 이사벨 앤드루스(Cicily Isabel Andrews). 영국의 소설가 겸 문학평론가, 정치비평가. 작품으로 《생각하는 갈대》(1936), 《샘물이 넘친다》(1957) 등이 있다.

27 M. H. 에이브럼스(Abrams)가 다음 책에 인용했다. *The Mirror and the Lamp: Romantic Theory and the Critical Tradition*(New York: Oxford University Press, 1953), p. 100.

다)"나 "one of the damned things is enough(그따위 것들의 예는 충분하다)" 같은 어구에서처럼 복수형複數形 명사구를 써야 한다는 문법 규칙을 위반했다. 그렇다 해도 이 말은 요점을 아주 명확하게 드러낸다. 우리는 종종 문법적인 원칙을 벗어남으로써 언어의 표현력을 극대화할 수 있다. "논리적이거나 문법적인 파격의 정도"는 윌리엄 엠프슨*이 말한 다의성多義性의 한 측면이다. 곧 엄격한 문법 규칙에서 벗어나는 것은 독자로 하여금 "다양한 이유를 찾아내어 독자 자신의 머릿속에 배열"하게 함으로써, 말해진 것의 의미를 독자 스스로 결정하게 하려는 장치다. 엠프슨이 암시하다시피, "시적인 언어 사용이 함유한 본질적인 사실"뿐 아니라 비슷한 이유로 사용되는 일상 용법의 특성까지 찾아내도록 하려는 장치인 셈이다.[28] 문법적으로 말해질 수 있고 없는 것에 대해 내가 두루뭉술 이야기할 때 이 점 역시 명심하기 바란다.

지금까지 언급한 예들은 최근의 문헌에서도 다루어졌다.[29]

---

* William Empson(1906~1984). 영국 시인 겸 비평가. 케임브리지대학에서 수학을 전공한 후 문학으로 전향, 셰필드대학 교수가 되었다. 《애매성의 일곱 가지 형태》라는 평론에서 언어의 난삽함과 다의성이 표현상, 특히 시의 장점이 됨을 밝혀 신비평주의의 발전에 기여했다.

28 William Empson, *Seven Types of Ambiguity*(New York: New Directions Pub. Corp., 1947), pp. 48, 25.

이 문제를 더 살펴보기 위해 지금껏 다루어지지 않은 주제를 살펴보자. 조금 전에 나는 문장의 주동사와 그 뒤에 나오는 명사구의 위치를 맞바꿈으로써 수동태를 만든다고 했다. 그러나 어떤 경우에는 이러한 구문 작업이 허용되지 않는다. "I believe the dog is hungry(나는 저 개가 배고프리라고 생각한다)"는 문장을 생각해보자. 우리는 이 문장에서 "The dog is believed is hungry" 같은 수동태 문장을 만들어낼 수는 없다. 앞에서 우리는 "I believe the dog to be hungry"에서 "The dog is believed to be hungry(저 개는 배고프리라고 생각된다)"라는 수동태를 만들어낼 수 있음을 보았다. 이 차이를 어떻게 설명할 수 있을까? 물론 경험으로 습득되는, 영어의 특이한 점이라고 간단히 넘길 수도 있을 것이다. 그렇지 않을 수도 있다는 좀 더 흥미로운 가능성을 탐구해보기로 하자. 그렇다면 어떤 문법 원리로 그 차이를 설명할 수 있을지 의문을 제기해보자.

I believe the dog is hungry.
I believe the dog to be hungry.

---

29 여기서 제기된 주제들과 관련 문제들에 대한 더 심층적인 논의를 위해서는 나의 "Conditions on Transformations", Stephen R. Anderson and Paul Kiparsky, eds., *A Festschrift for Morris Halle*(New York: Holt, Rinehart & Winston, 1973) 참조.

우선 문제의 두 문장은 똑같이 주어 "I(나)", 주동사 "believe (믿다/생각하다)", 그리고 각각 "the dog is hungry"와 "the dog to be hungry"라는 문장 형식의 구조를 내포한다. 이 단계에서 내포된 문장의 두 가지 유형을 구분해보자. 곧 시제가 있는 "the dog is hungry"와 시제가 없는 "the dog to be hungry"다.

| I | believe | [the dog is hungry: 시제 문장] |
| I | believe | [the dog to be hungry: 비시제 문장] |

물론 둘 중에서 시제 문장만이 독립된 문장으로 사용될 수 있다. 먼저 시제가 있는 문장에서는 아무것도 위치를 옮길 수 없다는 원칙을 정해보자.*

여러 가지 예를 조사해보면 이러한 원칙이 다른 경우까지 일반화될 수 있음을 알 수 있다. 가령 "The candidates each hated the other(후보들은 각자 상대방을 싫어했다)"라는 문장을 생각해보자. 이 문장의 변이형으로 "The candidates hated each other(후보들은 서로 싫어했다)"가 있다. 여기서 자세히 논하지는 않겠지

---

* 이 원칙에 따르면 두 문장 중 시제 문장을 내포한 첫 번째 문장에서 "the dog"의 위치를 옮겨 만든 수동태 문장은 허용되지 않는 반면, 비시제 문장을 내포한 두 번째 문장에서 "the dog"의 위치를 옮겨 만든 수동태 문장은 허용된다.

만, 이 두 번째 문장은 첫 번째 문장에서 'each'라는 단어를 주동사 다음으로 옮기고, 목적어 명사구 'the other'를 'other'로 대체해 형성되었다는 설득력 있는 주장이 제기되었다.

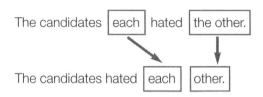

다음으로 "The candidates each expected the other to win(후보들은 각자 상대방이 이길 거라고 예상했다)"이라는 문장을 생각해 보자. 앞서와 같은 규칙을 적용하면, 우리는 "The candidates expected each other to win(후보들은 상대방이 이길 거라고 예상했다)"이라는 문장을 얻을 수 있다.

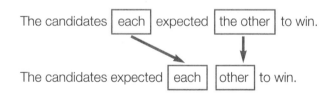

다음으로 "The candidates each expected that the other would win(후보들은 각자 상대방이 이길 거라고 예상했다)"이나 "The candidates each believed the other would win(후보들은 각

자 상대방이 이기리라고 믿었다)" 같은 문장을 보자. 이 경우에는 위와 같은 규칙을 적용하면 "The candidates expected that each other would win"이나 "The candidates believed each other would win"과 같은 잘못된 문장을 도출하게 된다(영문법에서 each other는 목적어나 소유격으로만 쓸 수 있으므로 would win의 주어 자리에 놓으면 안 된다ー옮긴이).

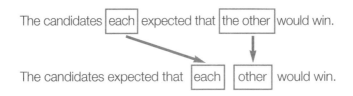

이러한 차이를 설명하기 위해 앞에서 정한 원칙(시제가 있는 문장에서는 아무것도 위치를 옮길 수 없다)의 범위를 넓혀서, 내포된 시제 문장에서는 어떠한 것도 밖으로 옮길 수 없고, 또 내포된 시제 문장 안으로 어떠한 것도 들어갈 수 없다고 고쳐보자. 더 일반적으로 말해, X와 Y라는 어구가 있을 때 X의 오른쪽에 있는 시제 문장에 Y가 포함된 경우 X와 Y는 어떤 식으로도 연관 지을 수 없다. 곧 문장 〔……X……〔……Y……〕……〕에서 〔……Y……〕가 시제 문장이라면 X와 Y는 서로 연관되지 않는다.*

이러한 원리에 명백하게 반하는 사례들을 살펴보기 전에, 내포된 구조와 그 바깥에 있는 어구를 연관 지을 수 있는 다른 조건을 생각해보자. 가령 "John expected to win(존은 승리할 것이라고 생각했다)"이라는 문장을 보자. 현대 영문법 연구자들에게, 대개 이 문장은 [명사구-win]과 같은 특정한 형태의 내포문이 있는 심층 구조에서 나온다고 여겨졌다. 여기서는 특정한 규칙에 따라 명사구 및 전체 문장의 주어와 조응 관계가 설정된다. 이 경우 조응 관계란 두 낱말이나 구가 같은 대상을 가리키는 것을 말한다(다시 말해 to win의 의미상 주어는 전체 문장의 주어인 존과 동일하다-옮긴이). 내포된 명사구(to win의 의미상 주어가 되는 명사구-옮긴이)는 (전체 문장의 주어와 동일하기 때문에-옮긴이) 나중에 삭제된 것으로 간주된다. 그러므로 삭제 이전에 문법 관계가 설정되면, "John expected to win"이라는 문장에서 'John(존)'은 'expect(기대하다)'의 주어일 뿐 아니라 'win(이기다)'의 주어로도 이해되는 것이다. 이러한 가정을 받아들이는 데는 구문構文상의 충분한 이유가 있지만 여기서는 다루지 않겠다. 일단 가정을 받아들이고, 내포된 문장의 명사구를 그것의 선행사(문장의 앞에 위치하고서 뒤에 오는 명사구와 같은 대상을 가리키는 말-옮긴이)와 조응 관계가 설정된 후 생략된 대명사라고 간주하자.**

---

* 원문은 "No rule can involve X and Y in the structure [...X...[...Y...]...], where [...Y...] is a tensed sentence."

1강 _ 세계를 해석하는 것에 대하여 • 71

다음으로 "The candidates each expected to defeat the other(후보들은 각자 상대방을 물리치리라고 기대했다)"를 생각해보자. 우리의 가정에 따르면, 이 문장은 "The candidates each expected 〔대명사─to defeat the other〕"와 같은 심층 구조에서 도출된다. 여기서 대괄호 〔 〕는 내포된 비시제 문장을 표시한다. each를 동사 뒤로 옮긴 다음, 대명사를 생략하는 규칙을 적용하면 "The candidates expected to defeat each other(후보들은 서로 상대방을 물리치리라고 기대했다)"와 같은 문장을 도출할 수 있고, 이러한 결과는 실제 쓰임새와 부합한다.

이제 "The men each expected the soldier to shoot the other(사람들은 그 병사가 상대방을 쏠 것이라고 예상했다)" 같은 경우를 생각해보자. 앞에서처럼 'each 이동' 규칙을 적용하면 "The men expected the soldier to shoot each other(사람들은 그 병사가 서로를 쏠 것이라고 예상했다)"라는 문장을 얻게 된다. 이는 분명 잘못된 문장이다('그 병사' 한 사람이 '서로'를 쏠 수는 없다. '서로'를 쏘려면 쏠 사람이 두 명 이상 있어야 한다─옮긴이). 내포된 비시제 문장 안으로 'each'가 들어가면 안 되는 어떤 조건이 있는 것이다.

***

** 곧 "John expected himself to win(존은 존 자신이 승리할 것이라고 생각했다)"에서 존 자신을 가리키는 대명사 himself가 생략된 것이다.

이러한 연구를 통해 우리가 생각해볼 수 있는 한 가지 원리는 다음과 같다. 내포된 문장에 온전한 주어가 있을 경우, 이 문장의 왼쪽에 있는 X라는 요소와 서술부에 포함된 Y라는 요소를 연관 지을 수 없다. 이를 더 형식화해서 나타내면,

……X……〔Z－……Y……〕와 같은 구조에서 Z가 어휘로써 명시된, ……Y……의 주어라면 X와 Y를 연관 지을 수 없다.*

좀 더 쉽게 풀어 말하자면, 내포된 어구의 주어를 넘어서 두 요소를 연관 지을 수 없다는 의미다. 이 원리는 많은 다른 예로도 뒷받침된다. 가령 "The candidates each heard denunciations of the other(후보자들은 각자 상대방의 고발을 들었다)"라는 문장을 생각해보자. 동사 'heard(들었다)'의 문법적 목적어는 복합 명사구인 'denunciations of the other(상대방의 고발)'이다. each 이동 원리를 적용하면 "The candidates heard denunciations of each other(후보자들은 서로의 고발을 들었다)" 같은 구조를 얻을 수 있다. 그렇지만 복합 명사구가 "The candidates each heard John's denunciations of the other(후보자들은 각각 상대방에 대한 존의 고발

---

* 원문은 "No rule can involve X and Y in the structure: ...X... 〔Z－...Y...〕, where Z is the lexically specified subject of ...Y....

을 들었다)"에서처럼 주어를 포함한다고 가정하자. 이 문장에서 'John(존)'은 'denunciations(고발)'의 주어다.[30] 이 경우에는 each 이동을 적용해 "The candidates heard John's denunciations of each other"라고 바꿀 수 없다. 물론 문장을 이해할 수는 있지만 "The candidates heard denunciations of each other(후보자들은 서로의 고발을 들었다)"와 달리 귀에 거슬린다. 그 차이를 설명하는 것이 앞서 말한 원리다. 그 원리가 내포된 문장이 아니라 문장 형식을 갖춘, 내포된 복합 명사구에 적용된 점에 주목하자. "The men saw pictures of each other(사람들은 서로의 사진을 보았다)"와 "The men saw John's pictures of each other(사람들은 존이 찍은 상대방의 사진을 보았다)"라는 문장도 마찬

---

30 여기서 쓰이는 '주어'란 용어는 설명이 필요하다. 적절한 정의와 더불어, "John denounced Bill(존은 빌을 고발했다)", "John's denunciation of Bill(빌에 대한 존의 고발)", "John's picture of Bill(존이 찍은 빌의 사진)" 등에서 'John(존)'을 각각 'denounce(고발하다)', 'denunciation(고발)', 'picture(사진)' 등의 '주어(subject)'로 간주하는 것이 합당한 까닭에 대한 설명을 보려면, 나의 "Remarks on Nominalization", R. A. Jacobs and P. S. Rosenbaum, eds., *Readings in English Transformational Grammar*(Boston: Ginn & Company, 1970)를 보라. 주의 깊은 독자라면 내가 'subject of(~의 주어)'란 용어를 약간 중의적으로 사용하고 있음을 눈치 챘을 것이다. 가령 "John denounces Bill"에서 나는 'John'을 'denounces'의 주어라고도 하고 또 'denounces Bill'의 주어라고도 말한다. 마찬가지로, "John's denunciation of Bill"에서도 'John'을 'denunciation'과 'denunciation of Bill'의 주어라고 한다.

가지다. 이 같은 예는 수없이 많다.

　이들 예문은 앞서 제시한 원리, 곧 특정한 조건에서 문장 요소를 삽입하는 데 일반적으로 작용되는 제약의 한 경우를 보여준다. 문장 요소를 빼 오는 데도 역시 같은 제약이 있다. "You saw pictures of someone(당신은 어떤 사람의 사진을 보았다)"이라는 문장을 보자. 구어체 영어에서는 이 문장의 의문문을 "Who Did You see pictures of(당신은 누구의 사진을 보았는가)?"라고 할 수 있다. 그러나 "You saw John' pictures of someone(당신은 존이 찍은 누군가의 사진을 보았다)"이라는 문장을 "Who Did You see John' pictures of?"라고 바꾸는 것은 자연스럽지 않다. 앞서 말한 원리 때문이다. 이들 역시 다른 구조를 내포한 비슷한 경우다.

　이번에는 아주 다른 종류의 규칙을 생각해보자. "I saw us(나는 우리를 보았다)"라든가 "We saw me(우리는 우리를 보았다)"와 같은 문장은 "They saw us(그들은 우리를 보았다)"나 "I saw them(나는 그들을 보았다)"에 비해 다소 이상하다고 여겨져왔다. 그렇다면 특정한 해석 규칙이 작용하여 〔명사구-동사-명사구-X〕에서 두 명사구가 가리키는 영역이 겹치는 경우 '이상함'을 부여한다고 가정하자. 틀림없이 이 경우는 다양한 문장 형식의 조건에서 명사구들이 각각 서로 다른 것을 가리키도록 하는 더 일반적인 해석 원리의 특정한 사례에 해당한다. 그러므로 "The soldiers detested the officers(그 군인들은 장교들을 아주 싫어했다)"라고 말하면, 이 말을 듣는 사람은 말하는 이가 장교들의 집단과 군인 집단을 따로 떼어서 가리키는 것으로 받아들일 것이다. 물론 두 집단이 서로 겹친다 하더라도 의미상 문제 될 것은 없다. 예를 들면 군인들이 자기들 사이의 장교들을, 혹은 자기 자신들을 싫어할 수도 있다. 그러나 1인칭 대명사의 경우, 서로 겹치지 않는 다른 대상을 가리키는 것이 불가능하다. 그렇기 때문에 위에서 본 문장들이 이상하게 받아들여지는 것이다.

이제 "I expected them to hate us(나는 그들이 우리를 미워하리라고 생각했다)"와 "I expected us to hate them(나는 우리가 그들을 미워하리라고 생각했다)"을 비교해보자. 분명 두 번째 문장에만 위에서 살펴보았던 "I saw us"에서와 같은 이상한 점이 있다. 이 문장도 방금 설명한 원리로 그 차이를 설명할 수 있다. 다만 내포된 문장의 주어가 두 인칭대명사 'I(나)'와 'us(우리)'를 갈라놓을 경우에는 이 원리가 적용되지 않는다.

마지막으로 다소 복잡한 문장을 분석해보자. "I didn't see many of the pictures(나는 사진들을 많이 못 보았다)"란 문장을 보자. 일상 회화에서 이 문장은 "I saw few of the pictures(나는 사진들을 별로 보지 못했다)"라는 의미로 해석될 것이다. 곧 이 문장은 내가 본 사진은 많지 않다는 뜻이다. 그런데 이 문장에는 부차적으로, 많은 사진이 있는데 내가 그것들을 보지 않았다는 뜻도 들어 있다.

I didn't see many of the pictures.

[1] Not many of the pictures are such that I saw them.

　(내가 본 사진은 많지 않다.)

[2] Many of the pictures are such that I didn't see them.

　(내가 보지 않은 사진이 많다.)

　두 번째 해석에 따르자면, 만일 사진이 100장 있고 내가 그중 50장만 보았기 때문에 나는 "I didn't see many of the pictures(나는 사진을 많이 못 보았다)"라고 한 것이다. 곧 내가 50장은 보지 못했고, 나머지 50장만 본 것이다. 내 생각에 더 일반적인 해석 방식인 첫 번째 해석에 따르자면, 100장 중 50장을 본 상황에서는 "I didn't see many of the pictures"라고 말하지 않는다. 아마 100장 중 단 세 장만 보았다면 이렇게 말할 수 있을 것이다.

　다음으로 "I didn't see pictures of many of the children(나는 많은 아이들의 사진을 보지 않았다)"이라는 문장을 생각해보자. 이 문장에도 두 가지가 있다. 내가 앞에서 '일반적인' 해석이라고 한 방식으로 이해하면 이 문장은 내가 몇 안 되는 아이들의 사진을 보았다는 의미다. 두 번째 해석 방식에 따르자면 이 문장은 "아이들의 사진이 많이 있는데, 내가 그 사진들을 다 보지 않았다"(어쩌면 꽤 많은 아이들의 사진을 보았더라도)는 뜻이다.

I didn't see pictures of many of the children.

[1] I saw pictures of few of the children.

　　(나는 몇 안 되는 아이들의 사진을 보았다.)

[2] Pictures of many of the children are such that I didn't
see them.

　　(내가 보지 않은 아이들의 사진이 많다.)

어느 경우든 '일반적인' 해석 방식은 'not(아니다/않다)'과 'many(많은)'를 연관시킨다. 두 번째 해석 방식은 이와 달리 'not'을 동사인 'see(보다)'와 연관시킨다.

다음으로 "I didn't see John's pictures of many of the children(나는 존이 찍은 많은 아이들의 사진을 보지 않았다)"을 보자. 내 생각에 여기서는 '일반적인' 해석 방식이 제외되는 것 같다. 곧 이 문장은 극도로 인위적인 해석을 하지 않는 한, "I saw John's pictures of (only) few of the children(나는 존이 찍은 사진들을 보았는데 그 사진들에는 몇 안 되는 아이들만 등장한다)"이라는 의미로 해석될 수 없다. 앞의 예문에서 두 번째 해석 방식을 받아들이지 않은 화자들은 이 문장을 자연스럽게 해석할 방법이 없다. 그 밖의 화자들은 내 생각에 이 문장을 "John's pictures of many of the children are such that I didn't see them"과 같은 의미로만 해석할 것이다. 곧 많은 아이들의 사진을 존이 가지고 있는데 그 사진들을 내가 보았더라도 다 보지는 않았다는 것이다. 예문이 다소 복잡하지만, 이것이 정확한 관찰에 따른 진술이라고 나는 생각한다. 그렇다면 이러한 결론은 문제의 해석 원리로부터 자연스럽게 도출된다는 점을 주목하자. 내포된 문장의 주어가 갈라놓은 구성 요소들은 서로 연관될 수 없다는 원리에 따라, 'not'과 'many'는 연결되지 않는다.

이러한 원리에는 아주 흥미로운 속성이 있다. 첫째, 이들 원리는 매우 보편적이어서 문장의 형식을 바꾸는 구문 작업에도 적용되지만 문장의 해석 규칙으로도 적용된다. 둘째, 이들 원리는 의미 등 의사소통을 위한 기능을 위해서 생겨난 것 같지는 같다. 따라서 이들 원리에 어긋난 문장은 좀 이상하게 들리긴 하지만 의미 파악에는 문제가 없다. 이러한 특성은 지금까지 언어학계에서 언어 보편적인 요소, 다른 말로 하면 언어의 형식적 불변 원리라고 제시된 많은 일반적 조건에 전형적으로 나타난다.

이번에는 명백하게 이러한 원리를 위반하는 사례를 살펴보자. 우선 "Did you tell me that Bill was there(빌이 거기 있다고 나한테 말했니)?"란 문장을 보자. 이 문장에서 우리는 "Where did you tell me that Bill was(빌이 어디 있다고 나한테 말했니)?"와 같은 의문문을 만들 수 있다. 이러한 구문 작업은 내가 위에서 제시한 두 가지 조건을 위반한다. 곧 의문사인 'where(어디)'가 내포된 시제 문장 "Bill was there(빌이 거기에 있었다)"에서 빠져나왔고, 게다가 이 의문사가 내포된 문장의 주어를 뛰어넘어 옮겨졌기 때문이다. 이것을 어떻게 설명할 것인가? 여기서 이루어진 구문 작업과 지금까지 앞에서 논했던 구문 작업의 차이를 어떻게 설명할 것인가?

문장의 기저 형식은 단순히 주어와 술어로 구성되는 것이 아니라 사실은 〔보문자-주어-서술어〕 구조로 이루어진다는 것을 보여주는 강력한 증거가 있다.* 보문자는 생략될 수도 있고, "That the dog was hungry surprised me(개가 굶주렸다는 사실에 나는 놀랐다)"나 "For the dog to be hungry is odd(개가 굶주린 것이 이상하다)", "What the dog ate is unknown(개가 무엇을 먹었는지 모른다)"에서 보듯이 that, for, 의문사 등으로 나타나기도 한다.

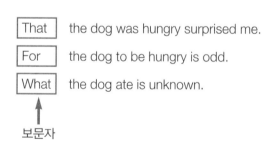

보문자

---

* 보문자란 영어 complementizer를 번역한 것으로 일반적으로는 접속사 that과 같은 요소를 가리킨다. 전통 문법에서는 접속사라고 부르지만, 촘스키의 변형 생성 문법에서는 보문자 혹은 보문소라 부른다. 본문에서 대문자 Comp나 C로 표기했다.

의문문을 만들기 위해서 의문사가 보문자 자리로 이동한다고 가정하자. 그러면 앞에서 살펴본 이동에 관한 조건은 이제 어떤 요소가 보문자 자리로 이동하는 경우에 한해서 시제 문장에서도 이동하는 것이 가능하도록 수정되어야 할 것이다. 나는 여기서 또 한 가지 잘 확립된 원리, 곧 구문 작업은 순환적으로, 곧 처음에는 가장 깊이 내포된 문장에 적용되고 그 다음에는 그 내포문을 포함하는 구조에 적용되며, 그 다음에는 그 구조체를 포함하는 바깥 구조에 적용되는 점을 지적하고자 한다.

이제 문제가 되었던 문장 "Where did you tell me that Bill was?"를 보자. 이 문장의 심층 구조는 다음과 같다.

Comp-you tell me 〔Comp-Bill-was somewhere〕.

첫 번째 순환 단계에서 'somewhere(어딘가에)'로부터 'where (어디에)'를 만들고, 내포된 보문자 자리로 이 의문사를 옮긴다. 여기까지는 어떤 원리에도 위반되지 않는다. 이렇게 해서 다음과 같은 중간 단계를 도출한다.

Comp-you tell me 〔where Bill was〕.

이제 두 번째 단계에서 이 규칙을 다시 적용하여 'where'를 주절의 보문자 자리로 이동한다. 이것은 위에서 수정한 이동 조건에 따라 허용된다. 이렇게 해서 다음과 같은 의문문을 얻을 수 있다.

Where did you tell me (that) Bill was? [31]

주동사의 의미적 속성에 따라 이 규칙은 두 번째 순환 단계에 적용할 수도 있고, 적용하지 않을 수도 있다. 적용하지 않는다면 우리는 "I wonder where Bill was(나는 빌이 어디에 있는지 궁금하다)"와 같은 문장을 도출하게 된다.

이 같은 제안을 뒷받침하는 몇 가지 경험적 결과가 있지만, 여기서 자세하게 논의하지는 않겠다. 그러나 독자 스스로 추상적 구조인 "You wonder 〔Bill saw someone somewhere〕"(〔빌이 누군가를 어디에서 보았는지〕 당신은 궁금하다)로부터 "Where do you wonder whom Bill saw?" 같은 문장을 도출하는 것이 허용되지 않음을 판단할 수 있다. 같은 논리로 "Whom do you wonder whether Bill saw?"라든가 "What does Bill know how we do?"와 같은 문장은 허용되지 않지만, "Whom do you

---

31 여기서는 보문자 자리를 선택적으로 'that'과 같은 요소로 어휘화하는 규칙 같은 세세하고 전문적인 논의는 하지 않는다.

think (that) Bill saw(빌이 누구를 보았다고 생각하니)?"나 "What does Bill know how to do(빌은 방법을 아는가)?" 같은 문장은 허용된다. 이들 원리에 따르면, 어떤 요소를 문장의 보문자 자리로 옮기도록 하는 규칙이 있다면, 앞에서 살펴본 원리에 명백히 위반되지만 그 요소를 내포된 문장 밖으로 옮길 수 있다. 예를 들면 의문사는 이런 식으로 내포문 밖으로 이동하는 것이 허용된다. 그러나 복합 명사구인 'John's picture of Bill(존이 찍은 빌의 사진)'에서 Bill을 옮기는 것은 불가능한데, 그 이유는 명사구에 보문자가 포함되어 있지 않기 때문이다. 곧 "Whom did you see John's picture of?"와 같은 문장은 만들 수 없다. 마찬가지로 "I believe John was here(나는 존이 여기 있었다고 믿는다)"라는 문장에 수동태 규칙을 적용하여 "John is believed was here"와 같은 문장을 만드는 것도 허용되지 않는다. 내포된 문장의 주어를 보문자 자리로 옮기도록 하는 별도의 규칙이 해당되지 않기 때문이다.

지면 관계상 더 자세한 논의는 하지 않겠으나, 이러한 원칙들이 면밀하게 이론화되면 다른 많은 구문상의 차이를 설명할 수 있음을 밝히는 것은 어렵지 않다. 예를 들면, "You believe that John saw someone(당신은 존이 누군가를 보았다고 믿는다)"에서 의문문인 "Whom do you believe that John saw(당신은 존이 누군가를 보았다고 믿는가)?"는 도출할 수 있는데 "You believe the claim that John saw someone(당신은 존이 누군가를 보았다는 주장을 믿는다)"에서 "Whom do you believe the claim that John saw?"를 도출할 수는 없는 까닭을 설명할 수 있다.* 이러한 결과는 원리의 순환 적용을 면밀하게 정의함으로써 얻어질 수 있다. 곧 의문문 형성 규칙을 특정 구조와 그것을 직접적으로 내포하는 인접 구조에 적용하는 것이다. 이러한 가능성을 더 발전시키면 다른 흥미로운 결과를 많이 얻을 수 있다.

내가 여기서 간략히 비전문적인 논의를 거쳐 드러내고자 하는 것은, 문장의 형식과 의미를 결정하는 보편적 속성을 띠는 심층적이고 추상적인 원리들이 존재한다는 것이다. 그러한 원리들은 언어의 보편적 요소라 가정할 수 있다. 이러한 가설은 다양한 언어를 연구함으로써 수정, 보충될 것이다. 이 가설이 타당하다면, 여기 제시된 언어의 불변 속성들은 우리의 두뇌 구조의 한 구성 요소인 내재적인 언어 능력에 기인하는 것으로 간주하는 것이 적절하다. 다시 한 번 강조하건대, 여기서 제시한 가설들은 경험에서 나온 것들이다. 물론 다른 가설도 생각해볼 수 있다. 예를 들면, 아이들이 해당 언어의 원리들을 습득하도록 특정한 훈련을 받는다고 주장할 수도 있고, 더 그럴듯

---

* 관계절이 포함된 복합 명사구 내의 요소를 이동시켜 의문문을 만드는 것은 허용되지 않는데, 이 원리를 하위인접조건(subjacency)이라 한다.

하게, 이러한 원리들은 더 보편적인 정신 활동의 원리가 특수하게 발현된 경우라고 주장할 수도 있다. 그러나 이미 언급했듯이 그러한 제안은 합리적으로 이론화되기 전에는 평가할 수가 없다.

지금까지 우리는 의사소통의 효율성이나 '단순성'이라는 잣대로 언어 현상을 관찰하고 보편 원리를 설명할 수는 없다는 점을 강조해왔다. 다른 말로 하면, 문제의 관찰 결과들에 대해 '기능적 설명'을 제공하는 것은 불가능해 보인다. 때로는 언어의 원리들이 중의성을 떨어뜨리기도 하지만, 대개 중의성을 완전하게 해소하지는 않는다. 우리는 구조 의존적이지 않은 구문 작업을 수행하는 의사소통 체계나 사상의 표현 체계, 의미 관계의 연결망에 적용되는 구문 작업들, 앞에서 제시한 형식 원리들에 어긋나는 작업들, 자연 언어에서 흔히 볼 수 있다시피 중의성을 배제하는 조건 등을 상정해볼 수 있다. 예를 들어 "She is too old-fashioned to marry(그녀는 결혼하기에는 너무 고리타분하다)" 같은 문장을 보자. 여기서 'she(그녀)'는 'marry(결혼하다)'의 주어 또는 목적어로 해석될 수 있다. 이러한 중의성을 배제하는 조건을 상정하는 것은 어렵지 않다. 그러나 지금까지 알려진 바로는, 자연 언어에서 그러한 조건들은 작동하지 않는다. 자연 언어로서 사용되는 언어가 왜 지금까지 얘기한 형식 원리들을 벗어나면 안 되는지 설명하는 특별한 이유는, 내가 아는 한 없다.

이 사실은, 정말로 사실이라면, 매우 중요하다. 옛말에 언어는 "마음mind의 거울"이라고 했다. 이 말은 언어의 속성이 '인간이라는 종에 고유한 것species-specific'이라면, 언어의 목적을 수행하는 어떤 자의적 체계에 적용될 수 있는 기능적 효용성이나 단순성이라는 일반적인 근거로는 결코 설명할 수 없다는 의미에서 참이다. 언어의 속성들이 '기능적' 근거로 설명될 수 있다면, 그러한 속성들은 정신mind의 본질에 대해 아무런 통찰력도 제공해주지 못한다. 지금까지 설명한 것들은 일종의 '형식론적 설명'이기 때문에, 그리고 상상할 수 있는 모든 언어의 본질적이거나 천연적인 속성들이 아니기 때문에, 정신의 거울로서 비춰주는 바가 있다고 할 수 있다. 우리는 그러한 원리들이 인간이라는 종에게 선험적으로 주어진 것이라고 간주할 수 있다. 곧 이들 원리는 경험의 해석을 위한 틀을 제공하고, 경험을 기반으로 특정한 지식을 형성할 수 있게 해준다. 그러나 이러한 원리들이 인간 언어의 기능을 수행하는, 상상할 수 있는 모든 체계가 꼭 갖추어야 하거나 자연스레 갖추게 되는 속성은 아니다. 바로 그 때문에 이들 원리는 인간 정신의 본질에 대한 연구에 흥미를 더해준다.

한편, 문장이 아무리 길어도 어느 정도 길이를 벗어나지는 않는다는 사실을 생각해보자. 이러한 사실을 '기능적으로 설명하는 것'은 어렵지 않다. 바로 이러한 이유로 기능적 설명은 정신에 대한 연구에 별 도움이 안 된다. 인간 언어의 본질을 이해하려면 이와 같은 언어 사용상의 속성에서 벗어날 필요가 있다. 또 다른 예로 소위 지프Zipf의 법칙32*이라 알려진 현상을 생각해보자. 긴 글에 나오는 낱말들을 빈도수에 따라 순서를 매겨보면, 매개 변항의 차이가 거의 없이 고정된 '법칙'에 따라 결정되는 함수로 나타낼 수 있다. 여기서 지프의 법칙을 자세히 논할 필요는 없겠지만, 브누아 망델브로**가 증명한 것처럼 상상할 수 있는 한도에서 만들어지는 글은 모두 마찬가지다. 구체적으

---

32 George K. Zipf, *The Psycho-Biology of Language: An Introduction to Dynamic Philology*(Cambridge, Mass.: The M.I.T. Press, 1965〔초판은 Boston: Houghton Mifflin Company, 1935〕). 토론을 위해 G. A. Miller and Noam Chomsky, "Finitary Models of Language Users", Robert D. Luce, Robert R. Bush, and Eugene Galanter, eds., *Handbook of Mathematical Psychology*(New York: John Wiley & Sons, 1963), Vol. 2도 보라.

* 사람들은 다른 사람들이 보는 유명한 작품만을 보려고 하는 경향이 있는데, 이것을 하버드대학의 교수였던 조지 킹슬리 지프(George Kingsley Zipf, 1902 ~1950)의 이름을 따서 지프의 법칙이라고 한다. 그는 영어에서 가장 많이 쓰이는 'the' 라는 낱말이 그 다음으로 많이 쓰이는 열 가지 낱말보다 10배 많이 쓰이며, 그 다음으로 많이 쓰이는 100가지 낱말보다는 100배나 많이 쓰이고, 그 다음으로 많이 쓰이는 1000가지 낱말보다 1000배 더 많이 쓰인다는 사실을 알아냈다. 지프의 법칙을 소프트웨어, 청량음료, 자동차, 사탕, 웹사이트 등에 적용해보면 그 결과가 동일한 것으로 밝혀졌다.

** Benoit Mandelbrot(1924~2010). 폴란드 유대인 가정에서 태어나 프랑스에서 성장하고 미국에서 활동한 수학자. 복잡계 연구의 선구자로 차원분열도형 프랙털(fractal) 기하학의 창시자로 유명하다.

로 말해서 (어떤 광범위한 통계적 조건이 주어졌을 때) 연쇄적으로 특정 기호를 생성하는 유한한 자료가 있다고 가정해보자. 이들 중 한 기호를 '공간'이라 칭하고, 연속적으로 이어진 공간 사이에 나열된 일련의 기호들을 '낱말'이라고 정의하자. 이들 '낱말'의 빈도 순위는 지프의 법칙에 따라 분포한다. 만약 우리가 영어로 쓴 글에서 e라는 문자를 공간이라 하고, 연속된 문자 e로 시작되고 끝나는 일련의 기호를 '낱말'이라고 하면, 이들 낱말도 지프의 법칙에 따른다. 따라서 실제로 낱말들이 이러한 예측과 비슷하게 분포한다는 사실은 별로 흥미롭지 않은 일이다. 이러한 사실은 일반적인 근거로도 쉽게 설명할 수 있고, 그러한 설명은 거의 틀리지 않는다.

또 다른 경우를 생각해보자. 관찰에 따르면 말을 듣는 사람은 관계절이 다른 관계절 안에 완전히 내포된 문장을 해석하는데 큰 어려움을 겪는다. 예를 들면, "The book that the man read is interesting(그 사람이 읽는 책은 재미있다)" 같은 문장은 아주 쉽게 해석되지만, "The book that the man the girl married read is interesting(그 여자가 결혼한 남자가 읽는 책은 재미있다)"과 같은 문장은 해석하기가 어렵다.* 이 경우는 다음과 같이 어렵

---

* 관계절 'that the man ... read' 안에 또 다른 관계절 'the girl married'가 내포되어 있다.

지 않게 설명할 수 있다. 곧, 문장을 들을 때 청자聽者는 '관계절 분석 절차'를 적용하는데, 주어진 관계절 내부에 이 분석 절차를 완전히 적용한 다음 원래 문장에 다시 이 분석 절차를 적용하는 식으로 되풀이하는 것은 쉽지 않다. 다시 말해 관계절 분석 절차를 적용하는 와중에 내포된 관계절에 같은 분석 절차를 적용하는 것은 어렵다. 이러한 속성은 시간 처리 체계에서 광범위하게 나타나는 일반적인 원리다. 이른바 '자기-내포' 구조를 해석하는 데 겪는 어려움을 설명해주는 이 원리 자체는 별로 흥미롭지 않다. 나는 여기서 문제의 핵심을 과장하고 싶지도 않고, 또 두 가지 설명/원리 사이에 명확한 경계선이 있다고 주장하고 싶지도 않다. 그러나 자연 언어의 기능을 갖춘 어떤 임의적 체계가 있다고 할 때, 그러한 체계의 본질적이지 않고 자연스럽지도 않은 속성에 바탕을 둔 '형식론적 설명'이 마음의 거울로서 언어를 연구하는 데는 중요할 수도 있다. 또 다른 측면에서 말하자면, 지금까지 상당한 노력이 이루어졌음에도 보편적인 언어 현상에 대한 '기능적 설명들'을 뒷받침하는 합당한 사례는 놀랍게도 거의 제시되지 않았다. 그런 사례가 합리적으로 제시되었다 하더라도 형식 문법의 틀로 표현되지는 못한 듯하다. 결국 형식 문법의 원리들이 인간 정신의 기본 요소가 지니는 속성을 나타낼 수 있다는 결론에 도달하게 된다. 물론 이들 속성을 직접 관찰할 수는 없고, 합리적으로 이상화된 조건에서 탐구해야 한다.

지금까지 언어의 불변 속성이 어느 정도 타당성 있음을 알 수 있는 영역을 아주 조금 살펴보았다. 다음 단계는 언어의 사용 원리를 탐구하는 것이었다. 여기서도 몇 가지 흥미로운 생각을 검토해보았다. 인간 지식의 다른 분야에도 마찬가지 분석 방법으로 접근할 수 있을 것이다. 아마 그런 방법을 통해 인간의 다양한 지식과 믿음 체계, 다양한 실행 체계와 상호 작용 체계의 구조를 밝혀낼 수 있을 것이다. 그러한 노력이 성공을 거둔다면 우리가 '학습 이론'이라 부르는 것, 곧 "세계와 개인적이고 제한적으로 단순하게 접촉하는 인간이 어떻게 지금과 같은 지식을 갖추게 되었는가?"라는 러셀의 문제를 심도 있게 파헤칠 수 있을 것이다. 최근의 인간 심리 연구는 인간의 경험이 어떻게 지식 습득과 믿음 체계와 연관되는가 하는 문제를 제기하지 않으려는 경향 때문에 옆길로 샌 것 같다. 물론 그 문제는 지식과 믿음 체계의 구조에 대한 연구가 논리적으로 (꼭 시간적으로 앞설 필요는 없지만) 선행해야 하는 문제다. 어쨌든 자극-반응 기제나 습관 구조에 대한 연구가 아무리 성공적으로 수행된다 하더라도 이러한 핵심적인 문제는 다룰 수 없을 것이다. 일상적인 인간 행동의 바탕에 깔린 지식과 믿음의 체계는 자극 반응 이론에서 말하는 연상 작용, 반응을 위한 기질, 습관의 구조 같은 개념으로는 설명할 수 없다. 이러한 판단은 적어도 언어의 경우에는, 그리고 인간의 '인지 과정'에 관계된 다른 많은 경우에도 타당한 것으로 보인다.

언어 능력의 특정성에 대해서는 현재로서는 그다지 덧붙일 말이 없다. 언어 연구 과정에서 발견된, 앞서 말한 바와 같은 여러 원리들과 대단히 비슷한 것으로 알려진 현상은 없다. 어쩌면 어린아이가 언어를 배울 때 사용하는 내재적 도식 체계는 언어에만 독특하게 나타나는 것일지도 모른다. 그렇다면 신경학자는 이러한 도식을 결정하는 메커니즘을 규명해야 할 것이다. 그리고 생물학자는 이러한 메커니즘이 인간의 진화 과정에서 어떻게 출현했는가를 규명해야 할 것이다. 또한 다른 기술이나 능력이 바로 그 도식 체계나 관련된 도식 체계와 연관된다는 사실을 발견한다면 그것도 똑같은 과제를 던져주는 흥미로운 결과다. 그러나 많은 사람들은 앞의 결론을 타당하지 않은 것으로 간주한다. 이렇게 판단을 내릴 근거를 찾기란 쉽지 않다. 비유를 하자면, 인간을 연구하는 화성인 과학자가 영어와 현대 물리학을 동시에 잘 아는 사람을 관찰한다고 가정해보자. 이 화성인의 관점에서는, 일반적으로 물리학은 대단히 어렵다거나 천재적인 능력이 있어야 배울 수 있는 것이라고 생각할 이유가 아마 없을 것이다. 그런데 영어는 (영어를 일상 언어로 쓰는 지역에 사는 경우에—옮긴이) 보통 어린아이도 그 구조를 이해하는 데 아무런 어려움도 느끼지 않는다. 이를 관찰하면서 화성인 학자는, 한

가지 체계는 인간에게 잘 들어맞는 데 비해 또 다른 체계는 인간에게 맞지 않는다고 결론지을 수도 있다. 그렇다면 개인의 심리적 구조, 사회, 인간의 행동과 동기, 사물의 움직임에 관한 믿음 체계는 어떤가? 이들 체계가 독자적으로 내재된 도식 체계를 기반으로 해서 구성된 것인지, 아니면 이들 체계를 구성하고 뒷받침하는 더 강력한 정신적 특성이 있는 것인지는 아직 답이 나오지 않았다.

어린아이가 모든 학문의 씨앗을 잉태하고 있는 것은 신의 섭리다. 그렇지 않다면 어린아이들이 어떻게 그 많은 지식을 얻을 수 있겠는가?

인간 정신을 구성하는 내재적 원리들은 단편적인 근거를 바탕으로 풍부한 지식과 믿음 체계를 구성할 수 있도록 한다. 그것이 인간 본성의 근본을 이루는 원리인 바, 우리의 탐구심에 어떤 체계가 더 쉽게 활용될 수 있는가도 결정하고, 또 인간이 배울 수 있는 지식의 절대적 한계도 설정할 것이다. 어떤 미국인 초월주의자가 이렇게 말했다.

"어린아이가 모든 학문의 씨앗을 잉태하고 있는 것은 신의 섭리다. 그렇지 않다면 어린아이들이 어떻게 그 많은 지식을 얻을 수 있겠는가?"[33]

퍼스*는 "인간의 정신은 사물에 대한 올바른 이론을 만들어 낼 수 있도록 선천적으로 적응되어 있다. …… 인간이 스스로의 필요에 적합한 정신적 재능을 가지지 않았다면 인간은 …… 어떠한 지식도 습득할 수 없었을 것이다"고 했다.[34] 퍼스에 따르면, 인간 지식의 한계는 허용 가능한 가설을 제한하는 원리에 따라 결정된다. 그리고 허용 가능한 가설은 매우 제한된다는 것을 알 수 있다. 이러한 추론은 전적으로 이해할 만하다.

인간의 정신이 처음에는 제약을 받지 않고 자유롭게 어떠한 방향으로든 향할 수 있다는 생각은 언뜻 보기에는 인간의 자유와 창의성을 매우 풍요롭고 희망적으로 보는 관점인 것 같지만, 나는 이것이 잘못된 결론이라고 생각한다. 러셀이 저서의 제목을 《인간의 지식: 범위와 한계Human Knowledge: Its Scope and

---

33 Sampson Reed, *Observations on the Growth of the Mind*, 5판(Boston: Crosby, Nichols, and Company, 1859), p. 45. 하워드 진이 이 자료를 내게 알려주었다.

*   Charles Sanders Peirce(1839~1914). 미국 케임브리지 출신인 철학자, 논리학자, 수학자, 과학자. 대학에서 화학을 전공한 뒤 논리학, 수학, 철학을 연구했고 기호학에서 획기적인 업적을 쌓았다. 1934년 철학자 파울 바이스(Paul Weiss, 1901~2002)는 그를 가리켜 "가장 독창적이고 다재다능한 미국의 철학자이자 위대한 논리학자"라고 했다.

34 "The Logic of Abduction", Vincent Tomas, ed., *Peirce's Essays in the Philosophy of Science*(New York: Liberal Arts Press, 1957), pp. 238, 244. 더 자세한 논의로는 나의 *Language and Mind*가 있다.

Limits》라고 붙인 것은 아주 적절했다. 정신의 원리들은 인간의 창조성이 미치는 범위와 한계를 부여한다. 그러한 원리가 없다면, 과학적 지식과 창조적인 행동은 가능하지 않을 것이다. 모든 가설이 처음에는 모두 동등하다면 어떠한 과학 지식도 이룩될 수 없다. 왜냐하면 우리가 접할 수 있는 아주 빈약한 증거에 부합하면서, 우리 두뇌가 똑같이 접근할 수 있는 그 수많은 이론 중 하나를 선택할 방법이 없기 때문이다. 모든 형식, 모든 조

> 시의 영혼은 다른 모든 살아 있는 권능과 마찬가지로 틀림없이 규칙에 따라, 어쩌면 그 자신의 창조 법칙에 따라 움직일 것이다.

건과 제약을 포기하고 완전히 무작위적이고 자의적인 방식으로 행동하는 사람이 있다면, 그런 사람은 어떤 일을 하든지 간에 예술적인 창조 작업과는 관련이 없을 것이다. "시의 영혼은 다른 모든 살아 있는 권능과 마찬가지로 틀림없이 규칙에 따라, 어쩌면 그 자신의 창조 법칙에 따라 움직일 것이다"라고 영국의 시인 콜리지Samuel Taylor Coleridge는 썼다. 러셀이 종종 언급했다시피 인간의 "진정한 삶은 예술과 사상과 사랑으로 이루어지고, 또 아름다움의 창조와 감상, 세계에 대한 과학적 지식을 탐구하는 데서 가능하다"면,[35] 그리고 이것이 "인간의 진정한 영

광"이라면, 우리가 경외감을 느껴야 할, 그리고 가능하다면 탐구의 대상으로 삼아야 할 대상은 바로 우리 정신의 내재적 원리들이다. 일상적인 언어 사용과 같은 인간 지성의 가장 친숙한 성취를 살펴보면서 우리는 한 규칙 체계 안에서 자유롭게 창조되는 그 독창적인 특성에 경외감을 가지게 된다. 러셀은 이렇게 말했다.

> 진정한 삶은 예술과 사상과 사랑으로 이루어지고, 또 아름다움의 창조와 감상, 세계에 대한 과학적 지식을 탐구하는 데서 가능하다.

"마치 정원사가 어린 나무를 보듯이 인간은 어린아이를 본다. 특정한 내재적 속성을 가진 존재, 적절한 토양과 공기와 빛이 제공되면 시간이 흐르면서 놀랄 만한 성장을 이룰 존재로 간주하는 것이다."[36]

인간의 여러 가지 성취 중에서도 가장 흔하고 일상적인 성취의 밑바탕이 되는, 불변의 구조와 원리들로 이루어진 풍부한 체

---

[35] 도라 러셀(Dora Russell)의 도움을 받아 출판한, 버트런드 러셀 지음, *The Prospects of Industrial Civilization*(New York and London: The Century Company, 1923), pp. 40~41.

계(곧 언어의 구조와 원리—옮긴이)를 발견함으로써 우리가 인문주
의적 개념, 곧 인간에 대한 탐구의 진전을 이루었다고 말하는
것이 정당하다고 나는 생각한다.

---

36 같은 책, pp. 274~275.

러셀은 말한다. 인간의 아이는 적절한 토양과 공기와 빛이 제공되면
시간의 흐름에 따라 성장하게 마련이라고.

우리가 살고 있는 이 세계에는 또 다른 목표도 있습니다. 그러
나 그것은 지나가 버리고, 그 자체의 뜨거운 열정에 타 없어질
것입니다. 타고난 재로부터 어린 새 세계가 태어나, 눈부신 아
침 햇살을 받으며 신선한 희망으로 가득 찰 것입니다.

2강

•

세계를
변혁하는 것에
대하여

러셀은 생애의 마지막 무렵까지 반전 반핵 운동을 이끌었다.
1962년 2월 런던 트라팔가 광장에서 열린 핵무장 반대 집회에서 연설하는
아흔 살의 러셀.

첫 번째 강연을 결론지으면서 나는 버트런드 러셀의 다음 말을 인용했다.

"마치 정원사가 어린 나무를 보듯이 인간은 어린아이를 본다. 특정한 내재적 속성을 가진 존재, 적절한 토양과 공기와 빛이 제공되면 시간이 흐르면서 놀랄 만한 성장을 이룰 존재로 간주하는 것이다."

이러한 심상을 더 발전시켜서, 러셀은 다른 곳에서 다음과 같이 언급했다.

"인간의 성장에 필요한 토양과 자유를 찾아내고 성취하는 것은 어마어마하게 어렵다. 실현 가능성이 없어서 단지 희망의 대상에 지나지 않을 뿐인 인간의 완전한 성장은 정의되거나 제시될 수 없다. 그것은 너무나 복잡 미묘해서 아주 섬세한 직관으로만 느낄 수 있고, 상상력과 응시에 의해서만 막연하게나마 포착될 수 있다."[1]

인간에 대한 인문주의적 사유를 발전시키고자 했던 다른 많
은 사람들과 마찬가지로 인간의 내재적 본성과 그것이 성취할

교육은 죽은 사실들을 수동적으로 인식하는 데 목표를
두어서는 안 되고, 우리가 창조하고자 하는 세상을 향해
노력을 기울이는 것을 목표로 삼아야 한다.

놀라운 형상에 경외심을 품고서, 러셀은 교육과 사회 조직에 대
한 자유주의적 개념들을 피력하곤 했다. 그의 주장에 따르면 교
육은 "죽은 사실들을 수동적으로 인식하는 데 목표를 두어서는
안 되고, 우리가 창조하고자 하는 세상을 향해 우리의 노력을

---

1   Bertrand Russell, *Principles of Social Reconstruction*(London: George
     Allen & Unwin, 1916), p. 25. 특정한 언급이 없으면, 이후에 나오는 인용문은
     모두 이 책과 1차 세계대전 기간 중이나 그 직후에 출판된 다른 저서들, 특히
     다음 책들에서 인용한 것이다. *Proposed Roads to Freedom—Socialism,
     Anarchism and Syndicalism*(New York: Henry Holt & Co., 1919);
     Political Ideals(New York & London: The Century Company, 1917, 한국
     어판: 《정치이상론》, 청하, 1986); *The Practice and Theory of Bolshe-
     vism*(London: George Allen & Unwin, 1920, 한국어판: 문정복 옮김, 《볼셰
     비즘의 실제와 이론》, 이문출판사, 1983); *The Prospects of Industrial
     Civilization*(New York and London: The Century Company, 1923).

기울이는 것을 목표로 삼아야 한다." 그러한 교육을 이끄는 것은 "성스럽고, 규정할 수 없는, 무제한의 어떤 것, 개인적이고 놀랍도록 경건한 어떤 것, 무르익어가는 삶의 원칙, 세상에 대한 우직한 노력의 구체적인 단편을 공경하는 마음"이어야 한다.

> 사회의 근본적인 재구성은 창조적 충동을 해방하고자 하는 일이지, 새로운 형태의 권위를 세우는 일이 아니다.

그 목적은 "인간이 가지고 있는 창조적 충동을 어떤 것이든 이끌어내고 북돋우려는" 것이어야 한다. 사회 제도에 대해서도 똑같은 정신spirit으로 접근해야 한다. "현대 세계에서, 사람들 대부분에게서 발견되는 성장의 원리는 더 단순한 시대로부터 전해져 내려오는 여러 제도의 방해를 받는다." 사회의 근본적인 재구성은 이러한 창조적 충동을 발현시켜주는 수단을 찾는 데서 이루어지는 것이지, 새로운 형태의 권위를 세우는 것으로 되는 일이 아니다.

확신하건대 러셀은 "무언가를 탐구하고 창조하기 위해서 인간이 중심적으로 추구해야 할 것"을 제시한 빌헬름 폰 훔볼트*

---

* Karl Wilhelm von Humboldt(1767~1835). 독일의 언어학자 겸 철학자, 외교관, 교육개혁가.

의 말에 동의하는 것 같다.

…… 모든 도덕적 문화는 오로지 영혼 내면의 삶에서 직접 유래하고, 인간의 본성 안에서만 자극되며, 외부적이고 인공적인 장치로는 결코 만들어지지 않는다. …… 인간의 자유 선택에서 유래하지 않는 것이 있다면, 혹은 가르침과 지도의 결과에 불과한 것이 존재한다면, 그것이 무엇이든 상관없이 인간의 본질적 존재 속으로 들어갈 수 없고, 인간의 진정한 본성 밖에 머무를 뿐이다. 그것은 인간이 진정으로 인간적인 에너지를 가지고 수행하는 것이 아니고, 그저 기계적으로 따르는 것일 뿐이다.[2]

이러한 관점의 인간 본성을 놓고서, 어떤 이는 내적인 충동에 따른 진정으로 인간적인 행위를 권장하는 사회 형태를 상상할 것이다.

모든 농민과 장인이 예술가의 반열에 오를 것이다. 곧 자신들의 노동을 그 자체로서 사랑하는 사람들은 그들 자신의 순수한

---

2   Wilhelm von Humboldt, *The Limits of State Action*, ed. J. W. Burrow, *Cambridge Studies in the History and Theory of Politics*(Cambridge: Cambridge University Press, 1969), pp. 76, 63, 28.

천재성과 창의적인 기술로써 그것을 개선하고, 그리하여 스스로의 지성을 계발하고, 인격을 고상하게 하며, 쾌락을 품위 있게 승화시킨다. 그러므로 그 자체로 아름답지만 종종 인류의 가치를 떨어뜨리는 바로 그것들 덕분에 인류는 고상해지게 된다.[3]

같은 맥락에서 표트르 크로포트킨Peter Kropotkin*이 다음과 같이 표방한 생각을 러셀은 종종 인용했다.

과도하게 일을 많이 하는 것은 인간의 본성에 어긋난다. 모든 사람의 복지well-being를 위해서가 아니라 소수에게 사치를 제공하기 위해 과도하게 일하는 것 말이다. 일, 노동은 생리학적으로 필요한 것이다. 축적된 신체 에너지를 사용해야 할 필요가 있고, 그것은 건강과 생명 그 자체다.[4]

---

3   같은 책, p. 27.

*   표트르 알렉세예비치 크로포트킨(Пётр Алексéевич Кропóткин, 1842~1921). 러시아의 지리학자, 동물학자, 아나키스트 운동가. '보로딘'이라는 가명으로도 활동했다. 아나키즘 공산주의 창안자 중 한 사람으로서, 중앙 정부가 없는 공산주의 사회를 옹호했다. 작가 로맹 롤랑은 레프 톨스토이가 주창했던 삶을 산 것은 크로포트킨뿐이라고 말했으며, 오스카 와일드는 그를 가리켜 "러시아에서 발현된 아름다운 백인 예수의 정신을 가진 사람"이라 했다. 많은 책과 팸플릿, 논문을 썼으며, 브리태니커 백과사전 작업에 관여하기도 했다.

4   "Anarchist Communism", 버트런드 러셀의 인용, *Proposed Roads to Freedom*, p. 100.

한 발 더 나아가 러셀은 "인간이 강제에 의해서가 아니라 스스로 원해서 일을 하게 된다면, 공동체의 관심사는 분명 주어진 일을 즐겁게 만드는 것"이 될 것이며, 사회 제도 역시 이 목표에 맞게 조성될 것이라고 지적한다. 마르크스의 초기 저작에서처럼 인간이라는 '종의 특성'을 '자유 의지에 따른 활동'과 '생산

> 인간이 강제에 의해서가 아니라 스스로 원해서 일을 하게 된다면, 공동체의 관심사는 분명 '주어진 일을 즐겁게 만드는 것'이 될 것이다.

적인 삶'을 영위하는 것으로 간주하는 사람은, 마르크스가 꿈꾸었던 차원 높은 사회 형태를 만들어내고자 할 것이다. 이러한 사회에서는 "노동이 삶의 수단이 될 뿐 아니라, 인생의 가장 고귀한 목표가 될 것이다." 러셀은 "'노동의 기쁨'이란 중세의 뻔한 헛소리"임을 인정한 영국길드연맹*의 팸플릿을 호의적으로 인용하면서, 그렇다 하더라도 "노동을 순전히 상업적인 활동으로서 영혼도 없고 재미도 없는 것"으로 만드는 철학을 받아들이

---

* National Guilds League. 1915년 영국에서 조지 콜(George Douglas Howard Cole)이 주도해서 만든 노동운동 조직. 중세 장인들의 조합인 길드에서 착안, 노동자들이 기업을 공동 소유, 운영하자는 길드사회주의를 제창했다.

느니 차라리 "위험하더라도 그 뻔한 소리를 믿어보는 편이 낫다"고 단언한다.

토지 공유제 및 자유롭고 건강한 성장의 자유를 보장하는 사회 제도, 그리고 인간의 본성을 강조한 후기 자유주의 사상가들과 훔볼트의 주장을 받아들이면서, 러셀은 국가와 같은 외부 권위기관이 개인의 일상생활에 개입하는 것을 반대했다. 국가와 같은 기관은 "인간을 자체의 자의적 목적을 수행하기 위한 도구로 간주할 뿐, 인간의 개인적 목적 따위는 무시하는" 경향이 있기 때문이다.[5] 그러나 산업화 이전 시기의 자유주의적 사상을 넘어선 러셀은 국가만이 자유를 막는 유일한 적이 결코 아님을 알고 있었다.

러셀이 강제적인 교육 관행을 반대한 것은 사회를 근본적으로 재구성하려는 그의 욕망, 곧 "모든 억압의 뿌리를 뽑아버리고, 인간의 건설적인 에너지를 해방함으로써, 생산과 경제 관계를 입안하고 조절하는 방식을 완전히 새롭게 바꾸려는" 욕구와 관련이 있었다. 그는 교육이야말로 "대중으로 하여금 사악한 것을 계속해서 떠받치게 만드는" 무지를 극복할 수 있다는 근본적인 낙관주의를 가지고 있었다. 1950년 노벨상 수락 연설의 말미

---

5   Humboldt, *The Limits of State Action*, p. 69.

에, 그는 다음과 같이 말했다.

…… 이 세상을 행복한 곳으로 만드는 데 가장 주요한 것은 지식입니다. 어쨌든 이러한 결론은 낙관적입니다. 지식은 이미 알려진 교육 방법들로써 촉진할 수 있는 것이기 때문입니다.[6]

이 말은 이후 오래도록 인구에 회자되었다. 이미 30년 전에도 러셀은 다음과 같이 쓴 적이 있다.

통념에 갇혀 신경증적으로 적대하고 미워하는 가운데서는 많은 사람들에게 진실을 알리거나, 감정이 아니라 증거에 따라 여론을 형성하는 습관을 퍼뜨리기가 어렵다. 그렇더라도 이 세상에 희망의 근거가 되는 것은 어떤 정치적 만병통치약이 아니라 이러한 구체적 사건들이다.

산업문명은 권력 집중과 개인적 자유의 몰락을 초래한다. 그러나 동시에 산업문명을 통해서 인간은 최악의 노예 상태에서

---

6   Bertrand Russell, "What Desires Are Politically Important?", Horst Frenz, ed., *Nobel Lectures: Literature 1901-1967*(Amsterdam, London, New York: Elsevier Publishing Company, 1969), p. 463.

벗어나고, 숨 막히는 노동의 사슬을 벗고서, 사회 재구성의 진정한 목적이라 할 수 있는 '창조적 충동의 해방'을 성취할 수 있는 자유인의 세상을 꿈꾸게 된다. 안락의 수준을 높이고 접근할 수 있는 정보의 폭도 넓힘으로써 산업문명은 '오래된 권위의 속박'에 근본적인 도전을 할 수 있는 조건을 만들어준다.

> 과거의 모든 역사가 보여주듯이 국가는 모든 위험을 내포하고 있지만, 동시에 희망을 가득 품고 있기도 하다.

    ······ 인간은 조상들이 그렇게 했다고 해서 굴복하지는 않을 것이다. 자신의 권리 주장을 삼가야 할 경우, 인간은 이제 합당한 설명을 요구한다. 그럴 때 제시되는 근거들은 가짜 이유들로, 자기 이익만을 얻으려는 사람들에게나 설득력이 있을 뿐이다. 저항의 조건은 남성에 대한 여성의 입장에서, 억압 민족에 대한 피억압 민족에서, 그리고 무엇보다도 자본에 대한 노동자들의 입장에서 발견된다. 과거의 모든 역사가 보여주듯이 국가는 모든 위험을 내포하고 있지만, 동시에 희망을 가득 품고 있기도 하다. 다만 억압받는 사람들의 저항이 너무 끔찍한 투쟁을 치르지 않고도 승리할 수 있어야 하고, 그들의 승리가 안정된 사회 질서를 구축할 수 있어야 할 것이다.

산업사회의 지상 명령은 모든 거대 국가에서 일종의 국가사회주의를 불러올 것이라고 러셀은 1923년에 예측했다. 똑같은 사회 진화 과정이 노동자들로 하여금, "특별한 소수 특권층인 자본가의 자의적 의지"나 국가 사회주의 관료체제의 "공식적인 카스트 계급"이 아니라, 동료 노동자 공동체에만 의존해서, 스스로의 힘으로 현대 사회의 제도와 기구를 통제할 수 있다는 사실을 인식하게 해줄 것이다. 러셀이 필요하다고 주장한 것은 사회 구성원들에 대한 설득과 교육을 위한 광범위한 노력이다. "사회주의적 생각의 합리적인 선전 활동이 가장 필요한 곳은 바로 미국이다. 미국이야말로 지도적인 자본주의 국가이기 때문이다."

러셀은 "중요한 다른 모든 것과 마찬가지로, 사회주의란 엄격하게 규정된 교조적 실체라기보다 일종의 경향"이라고 생각했다. 그러므로 사회주의는 사회가 진화함에 따라 끊임없는 변화를 겪어야 한다. 게다가 사회주의는 점진적인 단계를 밟는 방법으로 성취될 수 있을 것이다. 사회주의는 고도로 발달한 산업사회의 제도적 구조를 전제로 한다. 왜냐하면 그런 사회에서만 민주주의를 실현하기 위한 여건이 견고하고 광범위하게 형성되어 있을 수 있기 때문이다. 사회 개혁은 '산업적 연방민주주의'를 실현하는 방향으로, 곧 지역 단위나 산업 단위의 소규모 자치기구와 여러 형태의 협의체들이 국가의 중앙 집권적인 권력

110

을 대체하는 방향으로 이루어져야 한다. 러셀은 산업에 대한 노동자들의 자주관리 운동이 공산주의를 실현하는 가장 좋은 방법이라고 보았다. 광범위한 기술 교육과 경영 교육으로 토대가 마련되면 산업계의 자치정부는 민주주의를 보존하고 확대할 것이며, 기술적인 문제로 생산에 실패하는 일을 면할 수 있을 것이다. 그런 시기를 준비하는 과정에서 "우리가 용기와 인내심을 가지고 있다면 우리는 충분한 구상을 할 수 있고, 조만간 우리 인류에게 빛을 던져줄 희망을 품을 수 있다."

공산주의가 잘 건설되려면 "인간들이 절망에 내몰려서가 아니라 희망을 가지고 시도해보도록 설득되어야 한다." 우리는 비이성적인 민족주의적 충동과 자본주의라는 허구와 그 밖의 권위주의 체제에 대한 맹목적 신앙을 극복해야 한다. 우리는 "생산 그 자체의 중요성에 대한 믿음"을 버려야 하고, "광신적이며 불합리하고 무자비한 집단적 열기mania"를 포기해야 한다. 그 집단적 열기가 "미래 세대에게 틀림없이 어려움을 안겨주게 될 무분별한 방탕함으로" 지구의 자원을 파괴하고, "과학과 예술을 더 향유할 수 있고, 지식과 정신적 소양을 더 확대할 수 있으며, 임금 생활자들에게 더 많은 여가를 제공하고, 지적 쾌락을 누리는 능력을 더 많이 제공할 수 있는" 기회의 유익함을 깨닫지 못하도록 우리의 생각을 돌려놓기 때문이다. 자율 통치와 창조적인 삶의 본질적 가치를 이해할 수만 있다면, 우리는 "민주주의 사회에서는 측량할 수 없이 위험하고" 문명 생활의 섬세한 구조를 파괴할지도 모르는 폭력적 혁명을 수반하지 않고도 더 인간적인 사회를 향해 나아갈 수 있다.

아나키즘은 "궁극적인 이상향으로서 우리는 그것을 향해 나아가야 한다." 그러나 러셀은 선진 산업사회의 경우, 현 단계의 지향점으로는 길드사회주의Guild socialism의 변종 형태 정도가 합리적이라고 간주했다. 노동자들이 산업을 관리하고, 민주적 의회가 공동체를 대변하며, 제한된 형태의 국가 지배가 이루어지고, 존엄한 삶을 유지하는 데 필요한 재화財貨가 모두 충족되고, "특정한 이해관계를 가진 시민들의 조직이 자신들 내부 문제에 자치권을 유지하며 필요하다면 파업을 통해 간섭에 저항할 수 있고, 다수가 정당하다고 생각하는 명분에 대해서는 조직적인 공권력에 (그들 스스로 혹은 여론에 호소하는 힘을 통해) 효과적으로 저항할 수 있을 만큼 충분히 강력한" 사회 형태가 그것이다.

이러한 사상은 "사회민주주의가 추구하는 모든 목표는 근본적으로 우리의 재산과 자원을 어떻게 분배하는가 하는 문제에 걸려 있다. 그것이 사회주의다"라는 널리 알려진 견해와는 날카로운 대조를 이룬다.[7] 러셀에게 사회주의란 창조적인 충동을 해방하고 그 목적을 성취할 수 있도록 사회를 재구성하는 것이다. 물질적 재산은 감옥 안에서도 공평하게 분배될 수 있다. 국가의 자원은 독재자나 기업 독재의 힘으로도 합리적으로 분배될 수 있다. 이에 반해 사회민주주의의 이상은 토니*가 지난 1차 세계 대전 중에 언급한 것처럼 자유를 성취하려는 것이다.

> 자유가 완전해지려면 억압이 없을 뿐 아니라 자율적인 조직이 가능해야 한다. 경제적 자유는 간단히 말해 노동 자들의 의사를 대변하는 기관들이 각 산업에 투입되어야 신장된다.

자유가 완전해지려면 억압이 없을 뿐 아니라 자율적인 조직이 가능해야 한다. 자유는 의식과 스스로 기업적 생명력을 갖춘 사회적 조직을 건설하는 데 서로 협력할 수 있는 권리를 부여한다. 경제적 자유는 간단히 말해 노동자들의 의사를 대변하는 기관들이 각 산업에 투입되어야 신장된다.[8]

러셀은 이렇게 말했다.

---

7   Anthony Crosland, "The Anti-growth Heresy", *New Statesman*, 1971년 1월 8일자, p. 39.

*   Richard Henry Tawney(1880~1962). 영국의 경제사학자로 기독교 사회주의 자다.

8   R. H. Tawney, "The Conditions of Economic Liberty", ed. Rita Hinden, *The Radical Tradition*(New York: Pantheon Books, 1964), p. 103.

"기업에서 일하는 사람들이 스스로의 의지에 따라 경영하지 못한다면, 진정한 자유도 민주주의도 없는 것이다."

사회주의는, 러셀을 비롯한 많은 사람들이 상상한 것과 같은 연방 산업 공화국에서 모든 사회적 제도, 특히 현대 사회의 핵심적인 산업, 상업, 금융 분야의 온갖 기관이 민주적인 통제를 받는 경우에만 성취될 것이다. 그런 사회에서 노동자 평의회와 그 밖에 다양한 자치 단위들이 활발하게 제 기능을 다하고, 각 시민은 토머스 제퍼슨의 말처럼 "정부의 각종 사안에 직접 참여"할 수 있다. 사회주의적 이상이 실현되려면 생산과 분배, 경제·사회 기획을 위한 조직은 노동 현장과 공동체 내부에서 직접 민주주의적인 통제를 받아야 한다. 따라서 갖가지 혁명적인 운동은 전반적으로 자연스럽게 일종의 평의회 체계로 넘어가고, 이들 평의회를 통해 현장 노동자들은 직접 생산을 통제하고 "혁명 과정 자체에서 만들어지고 조직된, 자유를 위한 새로운 공적 영역"을 창출하게 된다.[9] 이러한 움직임이 외부 세력이나

---

9   Hannah Arendt, *On Revolution*(New York: The Viking Press, 1963), p. 253(한국어판: 한나 아렌트 지음, 홍원표 옮김, 《혁명론》, 한길그레이트북스, 2004, 384쪽). 한나 아렌트는 혁명운동에 공감하는 역사가들도 이러한 자연스러운 발전을 무시해왔다고 지적한다. 비슷한 지적으로 Arthur Rosenberg, *A History of Bolshevism from Marx to the First Five Years' Plan*, trans. Ian F. Morrow(New York: Russell and Russell, Publishers, 1965). 여기서 지적

중앙정부의 권력에 무너지는 것은 사회주의 혁명의 종말을 알리는 일이다. 특히 러셀과 많은 자유주의 사상가들이 생각하는 의미의 사회주의는 그러하다.

이 주제에 대한 러셀의 일반적인 접근법은 내 생각에 대단히 합리적이다. 약 반세기의 비극이 있고 난 지금 그의 탁견은 성과를 보지 못한 채 멀게만 보일 뿐이다. "이러한 이상이 실현되지 못하게 막는 진정한 장애물은 바로 인간의 마음속에 있고, 이 문제를 해결하는 길은 사유가 불어넣은 희망을 사유를 통해 굳건히 다지는 것"이라고 러셀은 생각했다. 아마 어떤 의미에서는 이 말이 맞는지도 모른다. 그러나 장애물은 너무나 거대하고 그것을 극복하는 수단은 아직도 미약하고 빈약하기만 하다.

주류 사회과학에서는, 특히 미국의 사회과학계에서는, 이런 문제가 거의 제기되지 않는다. 가령 올해 노벨 경제학상 수상자(1970년 노벨 경제학상을 받은 폴 새뮤얼슨—옮긴이)는 완전한 자유방임부터 '생산의 전체주의적 통제'까지, 가능한 경제 체제의 범위를 가늠한다. 이러한 틀을 고려하면, '오늘날의 합당한 정책적 선택'은 우리 경제가 이 광대한 스펙트럼의 어디쯤 위치하는 것이 올바른가를 결정하는 일이다.[10] 의심의 여지 없이, 우리는

되어야 할 것은 아렌트가 평의회는 정치 분야에만 허용되어야지 노동자들의 평의회가 되어서는 안 된다고 생각했다는 점이다.

이 스펙트럼의 어느 한 지점에 우리 경제 체제를 위치시킬 수 있다. 그러나 다른 차원에서 생각하면, 새뮤얼슨의 스펙트럼에서는 양극단에 있는 것들이 같은 극단으로 떨어질 수도 있다. 예를 들면 생산에 대한 직접 민주주의적 통제를 한쪽 극단에 놓고, 다른 쪽 극단에는 국가의 것이든 사기업 자본의 것이든 간에 독재적으로 이루어지는 통제를 놓을 수 있다. 이 경우 가능한 대안 체제의 범위를 규명하면 '합당한 정책 선택'의 폭이 협소하게 제한된다.

거대 산업 체제를 독재적 생산 통제 형태로서 국가자본주의나 국가사회주의의 일종으로 보는 견해는 어느 정도 러셀의 통찰에 기대어 전개되어왔다. 약 반세기가 흐른 지금, 우리는 "볼셰비키 정치위원과 미국의 기업 권력자들 간에 극도의 유사성"을 발견하게 된다. "이들 두 극단은 자기 존재 자체를 위한 메커니즘에 파묻힌 채, 태엽을 돌리는 열쇠의 주인인 양 자신의 지위에 집착한다." 이념의 차원에서 보아도 두 교조의 유사성은 놀랄 만하다. (대중을 선도한다고 자임하는−옮긴이) 전위 정당은 스스로를 모든 진리의 보고寶庫이자 대중의 이익을 진정으로 대변하는 집단으로 선포한다. 이러한 주장은 제이피모건J. P.

---

10 Paul Samuelson, *Economics*, 6판(New York: McGraw-Hill Book Company, 1964), p. 39.

Morgan 사의 협력자인 조지 퍼킨스George W. Perkins의 말에도 잘 표현되어 있다. 그는 60년 전에 이렇게 주장했다.

"거대 기업의 관리자들은 본능적으로 개인의 이익을 도외시하고, 다수의 광범위하고 지속적인 이익을 위해 봉사한다."

산업계의 "지도적 위치에서" 그들은 "지적이고 정통하며 공정한 심판관의 관점"을 가질 수 있으므로 단순한 사업가가 아니라 일종의 정치가가 된다는 것이다.[11] 칼 케이슨*은 현대의 기업을 다음과 같이 표현한다.

경영자는 스스로를 투자에 대한 최대 수익을 추구하는 소유주의 대리인이 아니라 주주, 피고용인, 고객, 일반 대중, 그리고 아마 가장 중요하게는 회사라는 기관 자체로 여긴다. …… 여기에는 어떠한 탐욕이나 집착도 보이지 않는다. 기업이 부담하는 사회적 비용의 대부분을 차지하는 노동자들이나 공동체에 압박을 가하는 일도 없다. 현대의 기업은 영혼이 있는 회사다.[12]

---

11 James Weinstein, *The Corporate Ideal in the Liberal State: 1900-1918* (Boston: Beacon Press, 1968), p. 10. 퍼킨스는 US스틸(United States Steel: 미국의 철강회사)과 인터내셔널하비스터사(International Harvester: 미국의 농기계회사)의 중역이었다.

* Carl Kaysen(1920~2010). 미국의 경제학자로 MIT 교수였다.

12 Ralph Miliband, *The State in Capitalist Society*(New York: Basic Books, 1969), p. 31의 각주. 비슷한 서술이 이 밖에도 많이 발견된다.

국가사회주의 체제의 권력 집단과
자본주의 기업 권력은 색깔만 다른, 같은 카드다.

비슷하게, 전위 정당도 영혼이 있는 정당이다. 두 경우에, 인간이 이들 선의를 가진 독재자에게 굴복해야 한다고 주장하는 사람들은 훔볼트의 말을 빌리자면 "인간의 본질을 잘못 이해하고 있으며, 인간을 기계로 전락시키기를 바라는지 의심스럽다." 인간에 대한 인문주의적 사유가 옳고, "자발적 활동을 일깨우는 자유"가 살아 있는 조건에서 "탐구하고 창조하는" 것이 인간의 본성이라면 말이다.[13]

레닌은 꽤 늦은 1922년에 "마르크스주의의 이러한 초보적인 진리, 곧 사회주의가 승리하려면 많은 선진국 노동자들의 단결된 노력이 필요하다는 진리"를 주장했다.[14] 이보다 더 올바른 지적은 없다. 적어도 자유주의의 관점에서는, 사회주의가 승리했다고 낙관적으로 표현할 만한 사건은 어느 곳에서도 일어난 바가 없다. 어느 중국 시인의 말처럼 주민 대부분이 "0도의 삶"을 살아가고 있는[15] 일부 저개발 국가에서는 동양과 서양이 모두 "공산주의자"라고 일컫는 지도자들 아래서 극적이고 급격한 변화가 진행 중이다. 제3세계 농민 대중의 의식과 창조적 동력

---

13 Humboldt, *The Limits of State Action*, pp. 24, 76, 136.

14 Moshe Lewin, *Lenin's Last Struggle*(New York: Pantheon Books, 1968), p. 4에서 재인용.

15 Tsang K'o-chia(臧克家, 1905~2004). Keith Buchanan, *Transformation of the Chinese Earth*(New York: Praeger Publishers, 1970), p. 98에서 인용.

을 일깨워서 그들의 에너지를 근대화와 발전으로 이끌려는 노력은 동의와 존경을 받아야 마땅하고, 할 수 있다면 산업 세력의 물질적 후원도 받아야 한다. 우리는 다만 시간이 지나면 이러한 노력이 무엇을 달성할지 조망해볼 수 있을 뿐이다. 그러나 그 노력이 외부 권력의 통제 없이 생산과 분배를 조절하고 모든 사회 기관들을 민주적으로 운영하는, 자유로운 생산자들의 사회를 창출해내지 못했음은 분명하다. 이는 제3세계의 혁명이 겪어야 하는 객관적인 조건, 부분적으로는 서방 세계의 악의 때문에 주어진 열악한 조건을 고려할 때 그리 놀랄 만한 것이 아니다. 저개발 국가에서 벌어지는 혁명에 대한 서방 산업사회의 반응은 비열했다. 이러한 상황을 이해한다면, 가령 아시아 공산주의를 선진 산업사회가 지향할 본보기로 간주하는 것은 심각한 오류다. 내 생각에 아시아 공산주의의 열망에는 동조해야 하고, 제국주의의 폭력과 테러에 대한 영웅적 저항을 찬미하는 것은 마땅하지만.

산업사회에서는 러셀 이후 자유주의적 사회주의 사상이 거의 진전되지 않았다. 진정으로 희망적인 형태의 사회주의 승리는 수많은 선진 산업국가 노동자들의 단합된 노력을 요구한다는 '초보적인 진실'을 의심할 이유는 전혀 없다. 러시아 정부의 독재가 어느 정도나 볼셰비즘 자체에서 유래하는지, 아니면 어느 정도 러시아의 현재 발전 단계에서 유래하는지 가리기 위해 논쟁을 벌일 수는 있다. 러시아를 '사회주의 국가'라고 표현하는 것은 정말로 잔인한 농담이다. 러셀과 로자 룩셈부르크를 비롯한 일부 사람들이 우려하며 경고한 것들은 정확하게 현실로 나타났다. 러시아의 한 아나키즘 조합주의자anarcho-syndicalist는 1918년에 다음과 같이 경고했다.

> 아무리 훌륭한 선의와 포부라도 중앙 집중적인 권력 체계의 본성적인 해악에는 산산이 부서지고 만다.

프롤레타리아는 점진적으로 국가의 노예가 되고 있다. 프롤레타리아는 종복으로 전락하고 이들 위로 새로운 관료층이 부상했다. 이들 관료층은 이른바 인텔리겐치아라는 자궁에서 태어났다. …… 볼셰비키당이 새로운 계급 체제를 만들려 했다고 말하려는 것은 아니다. 그러나 아무리 훌륭한 선의와 포부라도 중앙 집중적인 권력 체계의 본성적인 해악에는 산산이 부서지고 만다는 점을 말해두고자 한다. 혁명은…… 구시대의 폭군인 중앙 집중 권력의 손아귀에 사로잡혀 목 졸리고 있다. 우리는 너무 조직되지 않았고, 너무 허약했고, 그리하여 사태가 이 지경에 이르기까지 손을 쓰지 못했다.[16]

이 글을 쓴 이는 바쿠닌에서 비롯된 인식론적 아나키즘의 관점에서 사회주의 내부에 존재하는 전체주의적 경향을 비판한 것 같다. 원인이 어디에 있든 이 진단의 정확성은 의심할 여지가 없다. 오늘날, "새로운 계급"은 진부한 표현이 되고 말았다.

미국의 상황을 보면, 미국 사회에 깊이 뿌리박은 펜타곤(미 국방부) 체제는 전 세계에서 두 번째로 큰 국가 관리 조직이라고 하는 것이 정확하다. 세부 사항은 논쟁의 대상이 될 수도 있지만, 펜타곤 체제에서 사기업 권력이 고도로 집중되고, 그 대표자들이 국가 관리자들을 지배하고 있다는 것은 별 의심의 여지가 없다. 이러한 상황은 전쟁이 끝난 다음에 특히 더욱 심화되었다. 흔히 지적되고 개탄의 대상이 되어온 현상이다. 의회의 보수주의자들은 일찍이 제퍼슨이 "선출된 전제 정치"를 염려했던 것과 마찬가지로, 이른바 "선출된 독재"의 출현을 경고하면서, "폭정이나 재난"으로 흐를 위험을 염려한다.[17] 젊은 과격 근본주의자로 마냥 무시할 수 없는 저자들이 쓴 "우호적 파시즘:

---

16 M. Sergven, "Paths of Revolution", *Vol'nyi Golos, Truda*, 1918년 9월. *Libertarian Analysis*, Vol. 1, No. 1(1970년 겨울호)에 재수록. 폴 아브리치(Paul Avrich)는 러시아 아나키즘 역사에 관한 다큐멘터리에서 '세르그벤(Sergven)'이 그레고리 막시모프(Gregory Maksimov, 1893~1950)의 가명임을 시사했다.

17 상원의원 윌리엄 풀브라이트(James William Fulbright, 1905~1995),《보스턴 글로브*Boston Globe*》지 1969년 6월 20일자와 1969년 4월 16일 상원 외교위원회 결의문에서 인용.

미국을 위한 모델"이라든가 "미국에서의 파쇼 민주주의"와 같은 제목을 단 논고들이 최근에 나타나고 있다.[18] 전 상원의원인 조지프 클라크는 펜타곤이 권력의 촉수를 뻗어 마침내는 "미국의 유급 노동자들 중 점점 더 많은 부문을 점령해감으로써 갈수록 미국인들을 독일화"하고 있다고 토인비가 언급했던 점을 상기시키며 자신도 "토인비의 이러한 염려에 상당 부분 공감한다"고 했다.[19] 어느 진보적인 정치학자는 다음과 같이 썼다.

간단히 말하면 민주적 국가—그리고 유사 민주주의 이상으로 나아간 적이 없는 민족국가—는 정책 형성 과정에서 더욱더 반민주적이 되고 있다. 국가는 거대한 초헌법적 권력을 행정부에 부여함으로써, 전체주의 국가는 아니라 하더라도 공화국을

---

18 Bertram Gross, *Social Policy*, Vol. 1, No. 4(1970년 11~12월). Daniel R. Fusfeld, 학술회의 자료집 *Union of Radical Political Economics*, No. 2 수록 논고. 그로스(Gross)는 뉴욕시립대학교 헌터칼리지(Hunter College of the City University of New York)의 도시 문제 분야에서 독립적인 학문기관 대우를 받는 교수(Distinguished Professor)이고, 퍼스펠드(Fusfeld)는 미시간대학교의 경제학 교수다.

19 "Asia and the Prospects for World Order", *Annals of the American Academy of Political and Social Science*, Vol. 390(1970년 7월), p. 36. 클라크(Joseph Sill Clark, Jr., 1901~1990)는 세계 연방주의 운동(World Federalist Movement)의 미국 지부장이자 미국 학술원 부회장이다(1971년 당시—옮긴이).

'헌법적 독재'로 빠뜨리는 전시戰時 미국의 도구였다. 그것은 언제나 필연적이었고, 의회는 이러한 경향을 돌이키고자 거듭 투쟁해왔으며 지금도 지속적으로, 때로는 별 의미 없는 접전을 벌이곤 한다.[20]

컬럼비아대학교의 한 법학 교수는 "군사적 전략적 필요성을 무제한적으로 우선시하려는 태도에 악의적인 반공 이데올로기를 결합하려는 군인, 학자, 기술 관료, 정치가, '현실주의적인' 지식인들이 연합하여" 국가를 지배할 가능성을 말했다. "그렇게 되면 다양한 견해는 점차 억압되고 미국은 조지 오웰의 《1984》에 나오는 것 같은 사회로 변해갈 것이다."[21] 내가 보기에 이들의 견해에 내포된 심각한 불균형을 바로잡으려면 지배자들의 연합이 사실은 사기업의 이익을 대변하는 사람들에게 지배되고 있다는, 종종 무시되는 사실을 강조할 필요가 있다.

---

20 Wilson C. McWilliams, "Democracy, Publics and Protest: The Problem of Foreign Policy", *Journal of International Affairs*, Vol. 23, No. 2(1969), p. 107. 더 많은 논의와 참고 자료를 위해서는 나의 *At War with Asia*(New York: Pantheon Books, 1970), 1장을 보라.

21 Wolfgang Friedmann, "Interventionism, Liberalism and Power Politics: The Unfinished Revolution in International Thinking", *Political Science Quarterly,* Vol. 83, No. 2(1968년 6월), p. 188.

전체상을 이해하자면 이러한 사기업의 이해관계는 전 세계에 뻗쳐 있다는 사실도 강조해야 한다. K. W. 웨드번Weddeburn은 "앞으로 올 10년을 지배할 조직은 다국적 혹은 국제적 기업이 될 것"이라고 하면서, 이미 1968년에 한 영국 각료가 "영국 정부를 포함하여 각국의 정부는 전 세계를 주름잡는 거대한 국제기업 앞에서 일개 기초자치단체의 지위로 전락할 것"이라고 한 말을 인용했다.[22]

중앙 집권 통제 체제에 관해 알려진 세부 정보는 한정되어 있다. 데이비드 호로위츠David Horowitz는 최근에 뉴저지 주의 스탠더드석유회사가 미국인의 사회·정치·경제적 생활에 미치는 충격을 다룬 독립적이고 학술적인 연구 성과를 찾고자 했지만 그럴 수 없었다고 지적했다. 스탠더드석유회사는 약 6개국의 경제적 생명줄을 통제하는 조직으로서 미국 내의 주요 정치세력이며, 자체 정보망과 준군사 조직망을 갖추고 있을 뿐 아니라 정부의 고위 행정직에 정기적으로 인재를 공급하고 있다. 로버트 하일브로너*는 학문적 연구가 제대로 이루어지고 있지 않은

---

22 "Certified Public Accountant", *New York Review of Books*, 1970년 6월 18일자, p. 23. 웨드번은 영국의 런던경제대학 상법 교수로서, 이 글을 썼을 당시에는 하버드 법대에 초빙교수로 와 있었다.

* Robert L. Heilbroner(1919~2005). 미국의 경제학자이자 경제사상사가. 스칸디나비아식 사회민주주의와 복지국가를 옹호했다.

각국 정부는 초국적 기업 앞에서 일개 기초자치단체의 지위로 전락한다.

미국 사회와 국제 사회의 핵심 문제들을 하나하나 지적했다. 해외 투자를 장악한 미국의 헤게모니가 낳은 정치경제적 결과, 전쟁 경제의 이익 분배 문제, 사유재산과 소득을 지키는 수단 등에 대한 분석이 거의 이루어지지 않고 있다는 것이다.[23] 로버트 솔로**는 그 문제들에 대한 연구가 이루어지지 않는 것은 "혹시 있을지도 모르는 전복 가능성" 때문이라기보다는 "불가능한 어려움" 때문이라고 논평했다. 그럴지도 모른다. 그러나 (학문적 접근이 불가능하다고 생각하는-옮긴이) 회의주의적인 태도에는 분명히 근거가 있게 마련이다.

이 분야의 학술 연구 규모와 가령 태국에 대한 연구 규모를 비교해보면 아주 흥미로운 결과를 얻을 수 있다. 이 문제를 다룬 글에서 자크 드코르누아Jacques Decornoy는 미국 학생들이 "파헤친" 비밀자료와 국가기밀 서류들을 검토한 후, 미국이 "태국 사회의 작동 원리들을 철저하게 파악하기 위해 광범위한 연구를 수행했는데, 이는 태국 사회를 더 쉽게 통제하려는 (암암리의) 목적에 따른 것이었다"고 결론지었다.[24] 어느 학술 보고서의 말을 그대로 옮기면, 태국 연구는 대부분 "미국이 태국에

---

23 "On the Limited Relevance of Economics", *Public Interest*, 1970년 가을호.

** Robert Merton Solow(1924~). 미국의 경제학자. 경제성장 이론을 연구해 1987년 노벨 경제학상을 받았다.

서 벌이는 원조 프로그램 실행을 지원하고 강화하기 위해" 기획
되었다. 원조 프로그램을 운영하는 미국 국제개발처(United
States Agency for International Development: USAID)는 "농촌 지
역에서 공산주의자들의 준동을 봉쇄하고, 통제하고, 제거하려
는 노력의 일환으로 태국의 왕정을 지원한다"는 공식 임무를 띠
고 있다. 이는 미국이 동남아시아에 대해 펼치는 정책의 기본
속성이다. 드코르누아에 따르면, 태국에서 수행된 다양한 연구
사업은 "태국인들을 일본-미국의 영향권으로 끌어들이기 위한
초석을 마련하는 것"이다. 여러 증거를 볼 때 이러한 판단은 아
주 정확한 것으로 보인다.

　비교에 따른 결론이 아주 명료하기 때문에 많은 논평이 필요
없다. 이러한 비교를 통해 2차 세계대전 후 미국의 대학들이 얼
마나 뿌리 깊이 정치화되었는지를 가늠해볼 수 있다. 사례는 무
수히 많다. 대학의 연구소들은—내가 근무하는 대학에서도—
반정부 운동을 진압하는 장치를 고안하는 데 열정적으로 몰두해
왔다. 원래는 학문적 목적으로 설립된 예일대학교의 비교문화조

24　*Le Monde Weekly Selection*, 1970년 7월 22일자. Eric R. Wolf and Joseph
　　 G. Jorgensen, "Anthropology on the Warpath in Thailand", *New York
　　 Review of Books*, 1970년 11월 19일자. 태국 프로그램에 참여한 일부 연구자들
　　 은 이러한 평가가 부당하다고 주장한다. 물론 그들의 반론은 관련 자료들이 공
　　 개 금지되거나 열람이 차단되어 있는 한 정당성 여부를 평가할 수 없다.

사연구단은 "정보기관과 정부의 군사적 목적에 안성맞춤인 정보"를 공급해왔다.[25] 그런가 하면 스탠퍼드대학교는 후버 전쟁·혁명·평화연구소Hoover Institution on War, Revolution and Peace를 지원하기 위해 공간과 자금을 제공하고 있다. 후버연구소의 민간 후원자는 다음과 같은 학술 기획을 따르도록 요구한다.

"후버연구소의 목적은 연구와 출판을 통해, 공산주의든 사회주의든 경제 유물론이든 무신론이든 간에 카를 마르크스의 모든 주장이 사악하다는 것을 보여주고, 그리하여 그 이데올로기와 그들의 음모로부터 미국적인 생활 방식을 보호하고, 나아가 미국 체제의 정당성을 재확인하는 것이다."

이 같은 기획이 확립됨과 거의 동시에, 미국에서 훌륭한 대학으로 손꼽히는 바로 그 스탠퍼드에서 독립적이고 탁월한 기관인 라틴아메리카 연구소를 폐쇄했다. 정황 증거를 보면, 포드재단의 압력이 중요한 요인이었던 것 같다. 이 연구소의 소장이었던 로널드 힐턴Ronald Hilton 교수는 연구소의 보고서에 실린, 논쟁의 소지가 있는 견해들 때문에 강력한 자금 후원자들의 마음을 상하게 했던 모양이다. 예를 들면 보고서는 너무나 비학술적이어서, 미국 중앙정보국이 쿠바를 침공할 준비를 하고 있다

---

25 Wolf and Jorgensen, "Anthropology on the Warpath in Thailand", p. 32. 이 논고에서는 예일대 비교문화조사연구단의 20년짜리 보고서를 다루었다.

고 폭로하기까지 했다. 포드재단 쪽에서는 카스트로의 쿠바 정권 장악을 다룬 것이 문제의 발단이라는 논평도 나왔다. 이것은 "스탠퍼드대학의 명예가 달린" 문제로서, "대학 당국을 매우 불편하게 했다."[26] 후버연구소의 이데올로기가 이러한 불편을 야기했는지는 모르겠다.

전후 미국 대학의 정치화는 늦게나마 합당하게 미국 학생운동의 날카로운 도전을 받았다. 학생운동은, 2차 세계대전 후 미국 사회에 보수주의를 드리운 냉전 구도에 대한 합의에 금이 가기 시작했음을 보여주었다. 그러나 대학을 진보적이고 열린 공간으로 탈바꿈시키려던 시도는 많은 난관에 부딪혔다. 지난 시절, 특히 작은 단과대학이나 종합대학에서, 엄밀히 정치적인 동기로 학자들이 해고되는 경우가 많았다. 생각나는 대로 한 가지 사례를 들면 남부일리노이대학교에서 철학 강사 한 명을 임용하려 했는데, 그 강사가 베트남연구프로그램센터Center of Vietnamese Studies and Programs의 의문스런 성격을 비판했다는 이유로 임용이 무산되었다.[27] 보도에 따르면 인사위원회 의장

---

26 후버연구소와 히스패닉 아메리카 및 포르투갈령 브라질 연구소(Institute of Hispanic American and Luso-Brazilian Studies)에 대한 설명은 모두 다음 글에서 인용했다. David Horowitz, "Sinews of Empire", *Ramparts*, 1969년 10월호, pp. 32~42.

은 이렇게 말했다.

"(강사 후보인―옮긴이) 앨런 씨가 학교를 비판했고, 그 사실은 널리 알려졌습니다. 위원회는 그 정도 되는 사람을 교수진에 들이지 않는 것이 학교의 이익에 부합한다고 생각했습니다. 앨런 씨가 학교를 좋게 생각하지 않는다면, 왜 그런 학교에 머물며 가르치고 싶어하는지 알 수 없습니다."[28]

지난 몇 년 사이에 이런 사건이 많이 벌어졌다. '비정예' 기관에서 과격한 젊은 교원을 추방―이런 표현을 쓰는 것이 지당하다고 생각한다―하는 일은 2차 세계대전 후 미국에서 이데올로기적 통일과 순응주의를 확립하고자 널리 이루어지는 관행의 일부다.

우연히도, 학계가 외부 권력기관에 복종하는 것에 의문이 제기되기 시작한 바로 그 시점에 대학이 '정치화되었다'는 비판이 일었다는 것은 흥미롭고 자못 역설적이기까지 하다. 우연이지만 나 자신도 대학이 정치화할 위험성에 대해 경고한 비판자들과 의견을 같이한다. 대학은 되도록 국가든 민간 권력이든 대학 내부의 호전적 분파든 상관없이 모든 외부 권력의 영향을 받지

---

27 베트남연구프로그램센터에 대한 논의는 *Bulletin of Concerned Asian Scholars*, 1971년 2월의 특별호 참조.

28 *Southern Illinoisan*, 1970년 10월 18일자.

않아야 한다. 그러나 학계가 미국의 태국 원조 프로그램을 뒷받침하고 강화하는 일에 몰두했을 때, 또 스탠더드석유회사가 미국 정책에 미치는 영향과 같은 문제들은 회피하고 반정부 활동 진압 기술과 차세대 미사일을 위한 첨단 유도 체계를 개발하던 때에는, 흥미롭게도 대학의 정치화 경향에 대한 우려는 거의 표출되지 않았음을 직시해야 한다.

미국역사학회의 회장이 취임사에서, 연구상의 "냉철한 행동주의"와 "진보적인 중립적 태도"야말로 "역사가의 사회적 책무" 위반이라고 설파한 것은 그리 오래 전이 아니다.

"전면전은 날이 덥든 춥든 상관없이 모든 사람을 불러 각자의 역할을 하도록 요구한다. 역사가라고 해서 물리학자보다 의무가 가벼운 것은 아니다."[29]

언제나 공개적으로 표출되는 것은 아니지만, 이러한 정서는 널리 퍼져 있고 수년 전까지만 해도 거의 도전받지 않았다. 물리학자와 역사가는 국가의 정책과 권력에 봉사할 의무를 상당한 정도로 받아들였다.

---

29 코니어스 리드(Conyers Read, 1949). Michael Parenti, *The Anti-Communist Impulse*(New York: Random House, 1969), p. 75에서 인용. 첨언하자면 "냉철한 행동주의"에 대해서는 리드가 틀렸다. 그러한 행동주의는 이데올로기적 수단으로 악용되기 때문이다. 이에 대한 논평으로는 다음 본문을 보라.

피터 버거*는 이렇게 말했다.

"물리학자들이 세상을 파괴할 기법을 만드느라 바쁘기 때문에 사회과학자들이 세상의 합의를 끌어내는 기법을 만들라는 소박한 소명을 받았는지도 모른다."[30]

이 말에는 사소한 진실 이상의 것이 함축되어 있다. 강대국 지배 계급이 설정한 국제질서에 전 세계 사람들이 동의하게 만드는 기법을 자기들이 기꺼이 마련해야 하는지, 학생들이 묻기 시작했다는 사실은 매우 의미심장하다. 예를 들어 특정한 지배 엘리트를 육성하고, 또 부패나 폭력 문제는 제쳐두더라도 동남아시아 지배를 위한 미국의 장기간에 걸친 노력을 안전하게 지켜줄 지역 근거지를 마련하는 데 사용될 것이 틀림없다면, 그 지역에 대한 연구를 수행하는 것이 과연 합당한가? 특정 사회에 대한 연구의 무게가 그 사회의 통제 밖에 있어야 하는지, 그 사회의 구성원들과 민주적 조직(혹시 존재한다면)은 연구 성과를 접할 수 없는 반면 국내든 국제든 더 힘 있는 집단의 권력자들은 자신들의 목적을 위해 연구를 이용하는 것이 옳은지, 묻는

---

*   Peter Ludwig Berger(1929~). 오스트리아 태생 미국인 사회학자.

30   *Invitation to Sociology: A Humanistic Perspective*(Garden City, N.Y.: Doubleday & Company, Anchor Books, 1963), p. 152(한국어판: 피터 L. 버거 지음, 이상률 옮김, 《사회학에의 초대》, 문예출판사, 1995, 203쪽).

것이 합당하지 않은가? 이런 질문은 결코 사소한 것이 아니다. 이런 질문을 숙고하는 일이 너무 오랫동안 미루어져왔고, 지금도 많은 학자들의 주요 관심사 밖에 머무르고 있을 뿐이라는 사실은 참으로 불행한 일이다. 그런 문제가 널리 인식되도록 끈질기게 투쟁한 것이 바로 학생운동의 위대한 공로다.

> 사회의 구성원들과 민주적 조직은 연구 성과를 접할 수 없는 반면, 국내든 국제든 더 힘 있는 집단의 권력자들은 자신들의 목적을 위해 연구를 이용하는 것이 옳은지, 묻는 것이 합당하지 않은가?

국가 권력에 대한 학계의 자발적인 굴종과 베트남전쟁이 진행되는 동안 굴종이 약해진 것은 매우 중요한 의미를 띤다. 선진 산업사회에서는 존 케네스 갤브레이스*가 "학문적이고 교육적인 자산"이라 부른 것이 독립적인 (그러므로 종종 반체제적이거나 심지어 혁명적인) 힘이 되기도 하고, 반대로 사회를 관리하는 기능으로 이용되기도 한다. 예를 들어 '기술 인텔리겐치아'가 스스로를 선진 사회의 노동력으로 간주하고, 앙드레 고르

---

* John Kenneth Galbraith(1908~2006). 캐나다 태생인 미국 경제학자. 진보적인 케인스주의 경제학자로 알려졌다.

츠*가 말했다시피 "민주주의 권력의 새로운 핵심 세력을 창출" 하는 "구조적 개혁"을 위해 헌신하게 되면, 사회에 미치는 영향이 자못 심각할 것이다. 한 사회의 근본적 변혁은 창조적이고 생산적인 작업에 종사하는 사람들의 능동적인 참여 없이는 생각할 수 없다. 특히 선진 산업사회에서는 "학계와 교육계의 기존 권력층"이 사회 진보의 중요한 관건이 될 수 있다. 사회주의 혁명의 약속이 깨진 요인 중 하나는 기술 인텔리겐치아가 스스로 새로운 지배 계급이 되려 한 것이었다. 서구 민주사회에서 국가 지배를 확대하는 역할을 기술 인텔리겐치아가 기꺼이 받아들였던 것과 비견할 수 있다. 산업문명이 창출한 기술 관료 인텔리겐치아는 대규모화하면서 차츰 노동력의 핵심 세력으로 부상했다. 생각해볼 것은, 이러한 '지식인의 프롤레타리아화'로 말미암아, 전위 정당과 직업적인 혁명적 인텔리겐치아가 몽매하여 스스로 발언하지 못하는 대중의 이익을 대변하는 역할을 자임하는 일은 사라질지도 모른다는 점이다. 숙련 노동, 국가 고용, 서비스 산업과 행정직, 기술, 과학이 노동력의 많은 부분을 흡수함에 따라 지식 노동자와 육체 노동자는 과거처럼 그렇게 극명하게 구분되지 않을 테고, 인간이 생산의 도구로 이용될

---

*   André Gorz(1923~2007). 오스트리아 태생으로 프랑스에서 활동한 사회철학자이자 언론인. 1960~1970년대 신좌파 운동의 주요 이론가였다.

필요가 점점 줄어들면서 산업사회의 핵심 기관들을 민주적 통제 아래 두려던 이전의 시도를 방해했던 특성들이 흐려져서, 새로운 혁명적 운동이 가능해질지도 모른다.[31] 이러한 경향은 적어도 존 케네스 갤브레이스와 마이클 해링턴*이 얘기하는 사회 개혁 운동을 형성하는 데는 도움이 될 것이다. 미국에서 이러한 운동은, 원칙적으로 선진 산업사회의 물질적 조건에서 인간 해방을 이루는 데는 다소 못 미친다 하더라도, 매우 중요한 진전이다.

미국에서 중요한 개혁을 이룰 가능성에 대해서는 의심하는 사람이 상당히 많다. 급진 세력만 그런 것이 아니다. 예를 들면 한스 모겐소**는 최근에 미국 사회의 위기에 대한 분석을 제시했다. 이 글은 혁명을 촉구하는 것처럼 읽힐 수도 있지만, 실은 틀림없는 절망의 표현이다.

---

31 이런 가능성에 대한 논의는 너무 많아 다 들 수가 없다. 이를테면 André Gorz, *Strategy for Labor*(Boston: Beacon Press, 1967). Alain Touraine, *The Post-industrial Society*(New York: Random House, 1971). Norman Birnbaum, *The Crisis of Industrial Society*(New York: Oxford University Press, 1969).

* Edward Michael Harrington(1928~1989). 미국의 작가이자 민주사회주의 운동가. 퀸즈칼리지(Queens College)의 정치학 교수였다.

** Hans Joachim Morgenthau(1904~1980). 독일 출신으로 미국에서 활동한 국제정치학자.

…… 우리 시대의 굵직한 문제들, 이를 테면 미국 생활의 병영화, 베트남전쟁, 인종 갈등, 빈곤, 도시의 타락, 자연환경 파괴와 같은 문제에 대해 기존의 권력 체계에서는 합리적인 해결책을 구할 수 없음이 이제 명백해졌다. …… 대규모 빈곤은 도시의 타락이나 자연환경 파괴와 마찬가지로 우연한 불행의 결과가 아니라 사회·경제 정책의 결과다. 권력을 쥔 일부 계층은 이러한 정책을 지속하는 데서 막대한 이득을 취한다. …… 간단히 말하면, 문제는 단 하나이고 다른 모든 쟁점은 그것의 다양한 표출에 지나지 않는다. 그 한 가지 결정적인 문제는 미국 사회의 권력 분배에 관한 것이다.

> 문제는 단 하나이고 다른 모든 쟁점은 그것의 다양한 표출에 지나지 않는다. 그 한 가지 결정적인 문제는 미국 사회의 권력 분배에 관한 것이다.

권력의 분배 방식은, 갖가지 개혁운동이 벌어졌음에도 근본적으로 전혀 바뀌지 않은 채 유지되고 있다. 권력 재분배를 위한 운동이란 돌이켜보면 "현존하는 권력 구조를 타파함으로써 혹은 혁명을 통해서 권력과 정책의 우선순위를 근본적으로 바꿔야만 성취될 수 있는 것을 합리적이고 온건한 개혁으로 성취하고자 하는 헛된 시도"에 불과했다. 미국 사회는 자유 속의 평

등에 대한 허울뿐인 언명조차 내팽개치고, 국내에서나 해외에서 정의에 반反하는 기존 체제 유지라는 "지상 목표"를 위해 사용할 수 있는 모든 수단을 사용하기로 작정했다는 것이 모겐소의 결론이다. 공산주의에 대한 우리의 두려움과 "권력에 대한 우리의 순응주의적 복종"이야말로 미국 사회의 약속이 깨진 데 대한 책임이 있다.[32]

혹자는 여기서 한 걸음 더 나아갈 수도 있다. 사회개혁을 위한 여러 운동은 우선 권력 재분배를 목표로 하지 않으며, 오히려 역사적으로는 "새롭게 부상해 지배 계층으로 탈바꿈한 기업가 집단의 정치 이데올로기"를 대변해왔고, "대기업의 이해관계에 이끌리지 않는다 하더라도 적어도 그들의 암묵적인 승인을 받지 않고서는 운동 자체가 시작된 적이 거의 없다."[33]

그러나 모겐소의 말과 같은 암울한 평가라도 대중적 개혁운동이 미국 정치에는 전혀 설 자리가 없다는 뜻으로 이해되어서는 안 된다. 오히려, 미국에서 사회개혁 운동은 군대화한 국가 자본주의의 성장을 둔화시키고, 인도차이나 전쟁*과 같은 최악

---

32 "The End of the Republic?", *New York Review of Books*, 1970년 9월 24일
    자, pp. 39~40.

33 Weinstein, *The Corporate Ideal*, p. ix.

* 1960~1975년 미국과 베트남이 벌인 2차 인도차이나 전쟁(흔히 '베트남전쟁'
    이라고 불린다). 1차 인도차이나 전쟁은 1946~1954년 베트남이 프랑스 식민

의 만행을 억제하는 한편, 어쩌면 러셀이 언급했다시피 미국에서 절실하게 요구되는 "사회주의라는 견해에 대한 합리적 선전" 기능을 수행하기 시작했는지도 모른다.

대중적인 개혁운동은 더 근본적인 사회 변혁에 바쳐져야 할 에너지를 흡수해버릴 수도 있다. 가장 근본적인 변혁 프로그램도 벗어날 수 없는 '포섭cooptation'*의 위험이다. 이 문제는 최근에 노동자의 기업 통제에 대한 관심이 다시 일어나면서 함께 활발한 토론의 대상이 되었다.[34] 읽어보면 금방 알 수 있지만, 이 주제에 관해 미국에서 유일하게 출판된 책에서도 "개선 노력과 성과를 이끌어낼 방안에 관심이 있고" "노동력을 훈련하고 감독할 새로운 방안을 모색하며" "규율을 개발하고 불평불만을 해결하거나 항의를 잠재울 새로운 절차"를 찾는 데 관심 있는 사람들을 위해 평의회 구성의 중요성을 이야기한다. "노동자 평의회의 경험 폭은 산업 관계를 설정하고 조정하거나 경제 제도들을 설립하거나 바꾸는 일에 전반적으로 이롭다."[35] 사실 마르

지배에 맞서 싸웠던 독립 전쟁이다.

* 조직의 안전에 위협이 되는 세력을 제거하기 위해, 조직 지도층이나 정책 결정 과정에 그 위협 세력을 도리어 흡수하는 것.

34 예를 들면 *The Debate on Workers' Control*, Institute for Workers' Control, 1970과 "The Ambiguities of 'Workers' Control'", *Solidarity*, Vol. 6, No. 6(1970년 10월 15일자) 등이 있다.

크스주의가 주로 프롤레타리아를 "사회화"하고 더 효과적으로 산업사회에 통합하는 기능을 함으로써, 혁명운동은 결국 "참을성 있고 잘 훈련된 노동자 계층"을 양산하는 데 이바지했다는 주장도 있다.[36] 하지만 어떤 사회적 행동 계획이 다른 목적에 "포섭될 수도 있다"는 이유로 그 계획에 반대하는 사람들은, 스스로를 꼼짝 못하게 옥죄는 것이다. 그런 사람들은 상상할 수 있는 모든 것에 반대한다.

미국은 대체로 학생운동과 흑인해방운동의 자극을 받으며 2차 세계대전 후의 교조적 혼수상태에서 천천히 깨어나게 되었다. 오늘날 "산업혁명의 근본적인 정치 문제들이 해결되었다"고 과감하게 평가할 수 있는 진지한 사회학자를 찾기란 쉽지 않다.[37] 국제 관계 속 미국의 역할에 대한 전반적인 인식도 극적으로 바뀌었다. 사실상 진보 진영liberal opinion은 몇 년 전에 제기된 '신좌파 수정주의'의 이러저러한 견해를 수용했다.[38] 산업사회의 문제

---

35   John T. Dunlop, introduction to Adolf Sturmthal, *Workers' Councils* (Cambridge, Mass.: Harvard University Press, 1964), p. v.

36   아서 레드퍼드(Arthur Redford), 이러한 논지를 전개한 다음 책에 인용되었다. Adam B. Ulam, *The Unfinished Revolution: An Essay on the Sources of Influence of Marxism and Communism*(New York: Random House, 1960), pp. 66~67.

37   Seymour Martin Lipset, *Political Man: The Social Bases of Politics*(Garden City, N.Y.: Doubleday & Company, 1960), p. 406.

점과 미국의 세계적 역할에 대한 합리적 논쟁의 새로운 계기들이 어느 정도 유지되고 활용될지는 두고 봐야 할 것이다.

지난 몇 년 동안 진정한 변화가 이루어지긴 했지만, 낙관할 만한 근거는 거의 없다. 어쨌든 냉전 이데올로기는 전후 미국 사회에서 실질적인 기능을 하고 있다. 그것은 그저 불가사의한 대중 심리나 일탈적인 망상이 아니다. 윌리엄 A. 윌리엄스*가 냉전 이데올로기의 기능을 아주 명백하게 요약했듯이, 2차 세계대전이 끝난 후, 미국의 권력은

반공 깃발 뒤에서 아주 효과적으로 사용되었다. 이러한 전략은 아주 흔해빠진 상투적인 것이면서도 성공적인 심리적·정치적인 전략이었다. 미국의 제국주의적 지도자들 대부분은 일반 국민이 전쟁 기간에 받쳐주었던 활동(과 그것에 소요된 온갖 비용)을 계속 지탱하도록 지속적으로 국민을 자극할 필요가 있다고 생각했다. "모든 미국인을 혼비백산하게" 만들 필요가 있다고 말한 상원의원 아서 밴던버그Arthur Hendrick Vandenberg는

---

38 예를 들면 Adam Yarmolinsky, "The Military Establishment", *Foreign Policy*, 1970~1971년 겨울호, pp. 78~79. 물론 이 논고의 저자는 이런 종류의 논문에 적용되는 서술 관행에 따라 "신좌파의 역사적 수정주의자들"을 비난한다.

* William Appleman Williams(1921~1990). 미국 외교사학자. '중앙아메리카 신좌파가 가장 좋아하는 역사가'로 불린다.

그의 동료들보다 더 솔직했을 뿐이다. 공산주의라는 유령이 그 필요성을 채워주었다.[39]

공산주의라는 유령은 미국 국민뿐 아니라 그들의 지도자들을 위해서도 그러한 필요를 충족시켰다. 미국의 전직 공군 부사령관인 타운센드 후프스*는 케네디 행정부의 정책 입안자들이 "미국 정부는 러시아나 중국의 이득을 위해 조장된 민족해방전쟁 같은, 기존의 질서를 전복하려는 활동이 어디에서나 일어날 수 있음을 늘 고려해야 한다는 암묵적인 가정"에 따라 움직인다고 지적했다. (케네디가 임명한) 존슨의 보좌관들도 "모두 혁명적 공산주의에 대항해 전 지구적 투쟁을 불사한다는 무제한적인 신념을 뼛속 깊이 가지고 있었다." 미국 사회에서는 "견고한 국제적 음모 세력으로 남은 '공산주의 진영'이 '자유세계'라 할

---

39 "The Large Corporation and American Foreign Policy", David Horowitz, ed., *Corporations and the Cold War*(New York: Monthly Review Press and the Bertrand Russell Foundation, 1969), p. 100. 다른 사람들보다 더 솔직했던 또 다른 인물로 딘 애치슨(Dean Gooderham Acheson, 1893~1971. 1949~1953년 미 국무장관 재임)이 있다. 논의를 위해 Ronald Steel, "Commissar of the Cold War", *New York Review of Books*, 1970년 2월 12일자, pp. 15~21 참조.

* Townsend Walter Hoopes II(1922~2004). 미국의 역사학자. 1967~1969년 미 공군 부사령관이었다.

수 있는 나머지 전체 세계에 맞서 군사적, 준군사적 공격을 감행하면서 실체를 드러내고 있다"는 생각이 기정사실처럼 받아들여졌다.[40] 따라서 프랑스 식민지 지배에 대항한 독립전쟁인 베트남 혁명이 스탈린의 사주를 받아 일어났다는 거짓말을 우리는 월트 로스토*와 딘 애치슨에게서 들을 수 있다. 오늘날까지도 스탈린이 그리스 내전에 책임이 있고, 전 세계 공산당이 2차 세계대전이 끝난 직후 "광범위한 파괴전에 가담했다"고 주장한 글이 신빙성 있는 것으로 통한다. 후프스의 설명에 따르면, "아직도 이성을 존중하고, 사실에 입각해서 균형을 갖춘 담론을 진실에 이르는 가장 신뢰할 수 있는 길이라 믿는 사람"은 더 토론할 필요도 없이 미국의 지도력이 "제국주의 체제의 압박을 받으며 활동하고 있다"는 생각을 단연코 거부할 것이다.[41] 우리로 하여금 전후 시대의 환상을 떨쳐버리게 하려는 의도로 쓴 글에 이러한 심리가 표출되었다는 사실이 특히 흥미롭다. 사

---

40 Townsend Hoopes, *The Limits of Intervention*(New York: David McKay Co., 1969), pp. 15, 16, 8.

* Walt Whitman Rostow(1916~2003). 미국의 경제학자로 반공주의자였다. 케네디 대통령 시절 국무부의 정책기획위원회 의장과 대통령 특별보좌관으로 일했다.

41 Townsend Hoopes, "Legacy of the Cold War in Indochina", *Foreign Affairs*, Vol. 48, No. 4(1970년 7월), pp. 602, 601.

실, 미국이 역사상의 다른 강대국들과 근본적으로 다르다는 생각은 널리 받아들여지고 있는 신조다. 많은 미국 지식인들은 "미국의 조치가 잘못되었다면, 그것은 외국의 군사력과 준군사력을 잘못 평가한 까닭이다"라고 한 시드니 훅*의 궤변을 전혀 이상하게 생각하지 않을 것이다.[42] "국가의 이익"이나 지배 계급이 자각한 자기 이익을 좇아 행동하는 것은 미국이 아닌 다른 열강들이다. 그러나 미국이 2차 세계대전 내내 자국 공군이 사용한 양의 거의 세 배에 이르는 폭탄을 인도차이나에 퍼부었을 때, 또 미국이 도미니카공화국을 침공했을 때, 혹은 과테말라 정부의 전복을 지원했을 때, 반대의 여지가 있다면 단지 사실을 잘못 분석했기 때문이라는 것이다.

케네디에게 자문을 제공했던 유진 로스토(Eugene Victor Debs Rostow, 1913~2002)를 생각해보자. 그는 자못 심각하게 이렇게 설명한다. 미국이 베트남전쟁에서 승리하고 동남아시아에서 지배적 위치를 유지하지 못한다면, 궁극적으로 러시아의 야욕에 따라 핀란드와 같은 보잘것없는 지위로 떨어지고 말 것이다. 미

---

* Sidney Hook(1902~1989). 미국의 교육자이자 사회철학자. 존 듀이의 제자였으며, 스탠퍼드대학 후버 전쟁·혁명·평화연구소의 선임특별연구원으로 활동했다.

42 Sidney Hook, "The Knight of the Double Standard", *The Humanist*, Vol. 21, No. 1(1971년 1~2월호), p. 32.

국은 폴란드처럼 되지는 않을 것이라고 그도 인정한다. "그러나 우리는 그렇게 될지도 모른다는 자세를 견지하면서 움직여야 한다." 그는 계속해서 설명하기를, 우리가 만일 남베트남을 통제하지 않으면 러시아가 패권을 잡을까 봐 두려운 나머지 우리가 핵전쟁을 시작하게 될지도 모른다는 것이다. 제국주의를 옹호하는 사람조차 감히 제기하지 않는 놀라운 궤변이다.[43] 케네디의 또 다른 보좌관인 윌리엄 번디(William Putnam Bundy, 1917~2000)도 인도차이나에서 미국이 벌인 전쟁을, 중국의 동풍이 도미노처럼 이 지역을 공산화하는 것을 막으려는 영웅적인 노력으로 간주한다. 어쩐 일인지 중국인들은 이 드라마에 등장하지 않는다는 사실이 그에게 전혀 문제가 되지 않는 것 같다. 중요한 문제는 다음과 같은 것이다. "중국이 다시 한 번 동남아에 위협을 가하고 정부 전복을 꾀할 것인가?" (촘스키 강조). 번디는 그렇지 않을 것을 알고 있다. "모택동과 그의 동료들은 과거 5년 동안 미국이 명백히 중국과 전쟁하지 않기를 바란다는 것을 똑똑히 보았고, 또 〔베트남 사태의〕모든 경험은 이제 긴장 완화와 소통 증대를 가능하게 만드는 한 요소"이기 때문이다.[44] 전에 미

---

43 유진 로스토의 말은 다음에 인용되어 있다. William Whitworth, "A Reporter at Large: Interview with Eugene V. Rostow", *New Yorker*, 1970년 7월 4일자, pp. 30~56.

국무부의 극동 담당 차관보였던 이 저명한 논평가는 미국과 러시아의 관계 개선을 위해 명백한 결론을 내리는 일은 독자에게 맡긴다. 그의 논리를 따르자면, 우리는 헝가리를 폭격하여 잿더미로 만들어야 한다. 그래야만 러시아가 핵전쟁을 피하고자 하는 우리의 명백한 의도를 더 잘 알아차릴 수 있고, 따라서 긴장을 완화하고 소통을 확대하려는 우리의 노력에 동참할 테니까.

불행히도 다른 분야에서는 당연하게 적용되는 지적 수준이 미국의 정책에는 흔쾌하게 받아들여지지 않는 까닭에, 건강한 정신을 찾으려는 발걸음은 아직 더디기만 하다.

이런 사례는 이 밖에도 아주 많지만, 과거 20여 년 동안 정치적 논쟁을 잠재웠던 믿음의 체계가 더 유지될 수 없게 되었다고 말하는 것은 정당하다. 미국 내의 공산주의자들이 미국의 자유 체제에 위협이 된다거나, 미국이 전 지구적인 군사 행동을 포기할 경우 미국을 핀란드나 폴란드와 같은 지위로 끌어내리려는 러시아나 중국의 한결같은 음모가 있다고 기꺼이 믿을 사람은 글을 읽고 쓸 줄 아는 사람 중에는 별로 없을 것이다. 그러나 불

---

44 William Bundy, "New Tides in Southeast Asia", *Foreign Affairs*, Vol. 49, No. 2(1971년 1월), p. 191.

행히도 다른 분야에서는 당연하게 적용되는 지적 수준이 미국의 정책에는 혼쾌하게 받아들여지지 않는 까닭에, 건강한 정신을 찾으려는 발걸음은 아직 더디기만 하다.

냉전 이데올로기의 부식은 심각한 문제다. 냉전 이데올로기

> 공산주의라는 유령은 모든 약소국의 문을 개방해서 미국의 자본과 기업이 침략할 수 있게 한다는 장기적인 목표를 지지하도록 미국 국민을 선동하는 데 아주 요긴하게 이용되었다.

는 미국 국민이 국가 정책을 지지하도록 하는 훌륭한 장치였다. 정부가 유도한 국내 프로그램은 대개 군사적 생산과 (미국 과학자와 기술자 약 3분의 2에 해당하는 인력과 많은 노동력이 연관된) 관련 연구들로서 틀림없이 '경제적 건강성'을 유지하는 데 주요 역할을 해왔다. 이러한 프로그램들은 또 부분적으로는 지도자들이 엄청난 사회적 비용을 들여서 국민의 혼을 빼놓는 데 성공했기 때문에 납세자들에게 용인되었다. 공산주의라는 유령은 특히 1914년 미국 행정부의 공식 정책을 설명하는 자리에서 우드로 윌슨 정부의 국무장관이 말했던 것처럼 "모든 약소국의 문을 개방해서 미국의 자본과 기업이 침략할 수 있게" 한다는 장기적인 국제적 목표를 지지하도록 미국 국민을 선동해야 할

필요성을 충족시켰다.[45]

이러한 정책 목표는 지금까지 변하지 않았다. 미국의 군국주의적 국가자본주의 체제를 해체하거나, 주로 미국이 지배하는 국제 체제로부터 벗어나려는 국가들이 독립적으로 발전하지 못하도록 '봉쇄'하는 책략을 포기하려는 진지한 움직임은 보이지 않는다. 반공 이데올로기가 이제는 국민을 조작하는 수단이 되

> 반공 이데올로기가 이제는 국민을 조작하는 수단이 되지 못하기 때문에, 정부는 사회 통제를 위한 새로운 수단을 찾으려 할 것이다.

지 못하기 때문에, 정부는 사회 통제를 위한 새로운 수단을 찾으려 할 것이다. 아마 이제는 효력이 떨어진 공산주의의 위협을 대신해서, 소수 인종이나 제3세계 혁명 세력과 연대한 좌파 학생운동이 문명사회의 기둥을 뿌리째 흔들려 한다는 끔찍한 인상을 각인하려고 애쓸 것이다. 전체주의적 '공산주의'에 대한 정당한 반대를 광신적인 반공 십자군 운동으로 돌리는 데 공을 세운 일부 사람들이 이제는 왜곡, 비꼼, 과장 등의 수법으로 학

---

45 윌리엄 제닝스 브라이언(William Jennings Bryan), 다음에 인용되었다. Williams, "The Large Corporation and American Foreign Policy", p. 85.

생운동을 공격하고 있으며 어느 정도 성공을 거두기도 했다.

사실, 학생운동은 주로 인종 차별과 전쟁 문제에 관련해서 일어났다. 후자에 관해 말하자면 대통령 보고서와 위원회 보고서들은 만장일치로, 물론 정확하게, 학생운동과 베트남전쟁을 연관 짓는다. 이러한 결론에 대해 행정부와 정부 공보관들이 보이는 반응은 매우 흥미롭다. 정부는 학생 시위를 전쟁과 분리하려고 노력해왔다. 논리는 분명하다. 미국 정부는 인도차이나에서 저비용 고효율로 사업을 무한정 이어가고 싶은 것이다. 그러므로 비용을 줄일 필요가 있다. 그러나 가장 큰 비용은 젊은이들의 비참함과 소외감이다. 이러한 문제는 바로 베트남전쟁과 관련이 있고 전쟁이 계속되는 한 결코 경감되지 않는다. 그래서 정책 당국자는 그것이 전쟁 때문이라는 사실을 부인하는 것이다. 정부는 이렇게 믿고 싶을 뿐이다. 학생 소요는 마약이나, 급진적인 교수들, 혹은 닥터 스폭*, 줏대 없는 관리들, 사회적 관

---

* 벤저민 스폭(Benjamin McLane Spock, 1903~1998). 미국의 소아과 의사로 그의 저서 《육아*Baby and Child Care*》(1946)는 사상 유례가 드문 베스트셀러였다. 어린아이의 욕구와 가족 관계를 이해하기 위해 정신분석학을 공부했고, "어머니들은 스스로 생각하는 것보다 더 많은 것을 알고 있다"고 주장하며, 자녀를 독립적인 인격체로 대하는 태도와 유연하고 다정다감한 육아 방식을 설파했다. 1960~1970년대에는 베트남전 반대 운동과 신좌파 운동에 참여했기 때문에, 베트남전 지지자들은 그의 책이 젊은이들에게 자유방임주의와 참을성 없는 습성을 퍼뜨린다고 비난했다.

용 때문에 생긴다고. 학생 시위를 그 사회적 맥락에서 분리하려는 시도는, 1950년대처럼 국민이 겁먹고 다스리기 편리한 수동적인 자세로 돌아가도록 새로운 악마를 만들어내려는 노력과 일치한다.

인도차이나 사람들에게 이 모든 것은 게임이 아니라 생존의 문제다. 학생운동을 제외하고 베트남전쟁에 대해 일관된 입장을 견지한 집단은 실질적으로 없는 셈이다. 내가 이렇게 말하는 것은 전쟁의 비용, 혹은 성패 여부, 혹은 국익과 거리가 멀다는 점, 혹은 전쟁의 야만성 때문이 아니고, 러시아의 체코슬로바키아 침공 때 보편적 혐오감이 일어났던 것과 똑같은 이유 때문이다. 러시아의 체코 침공은 매우 신속하게 이루어졌고, 상대적으로 살상이 적었으며, 체코 국민 일부의 지지를 받았고, 체코 협력자들의 지배 체제가 성공적으로 확립되어 러시아군 대부분이 철수할 수 있었다는 점에서 성공적인 '베트남화'의 좋은 본보기가 된다. 내가 베트남전쟁을 반대하는 것은 어떠한 강국도, 미국처럼 사심 없고 선의로 가득하다는 나라조차 베트남이나 어떤 다른 나라의 사회·정치 구조를 무력으로 결정할 권리가 없다는 것, 어떤 나라도 세계경찰이나 재판관으로 행세할 권한이 없다는 원칙적인 이유 때문이다.

지식인 사회의 행적은, 앞에서 이미 말했듯이 그렇게 자랑스러운 것이 아니다. 뉘른베르크 국제군사재판*의 미국 쪽 수석

검사였고, 지금(1971년 당시―옮긴이)은 컬럼비아대학교의 법대 교수인 텔퍼드 테일러(Telford Taylor, 1908~1998)는 아주 정확하게 다음과 같이 말했다.

"1964년 이후 전개된 광범위하고 치명적인 단계에 〔그리고 그는 인식하지 못했지만 사실은 그보다 훨씬 전부터〕 베트남전쟁은 고도로 교육받은 지식인들과 관료들의 합작품이었다. 그들 대부분은 현재의 부통령이 생각하는 '나약한 국가주의자'라는 개념에 잘 들어맞는 사람들로, ……러스크**, 맥나마라, 번디, 로스토 같은 사람들이다. …… 이들이 전쟁과 전쟁이 진행된 과정에 가장 큰 책임을 져야 한다."

인도차이나를 파괴한 '미친 생각'에 책임을 져야 할 사람, 우리가 스스로에게 정직한 태도를 취하자면 뉘른베르크 재판의 원칙에 따라 응징되어야 할 사람들은 바로 이들이다.[46] 혹자는

---

* 　2차 세계대전이 끝난 뒤 독일 전범을 재판한 국제법정. 독일 뉘른베르크에서 열렸다.

** 　David Dean Rusk(1909~1994). 육군 정보장교 출신으로 록펠러재단 이사장을 역임하고 케네디 정부와 존슨 정부에서 국무장관(1961~1969)을 지냈다.

46 　Telford Taylor, *Nuremberg and Vietnam: An American Tragedy*(Chicago: Quadrangle Books, 1970), p. 205. 테일러의 더 명료한 발언이 《뉴욕타임스》 1971년 1월 9일자에 있다. 테일러는 뉘른베르크 재판의 본질적인 도덕적 약점을 지적한다. 그에 따르면, 북베트남에 대한 미국의 폭격은 전쟁 법률 위반으로 간주될 수 없다. 왜냐하면 "공중 폭격은 추축국(독일, 이탈리아, 일본―옮긴

베트남 비극의 설계자들이 "전쟁을 수행하는 직위에 있었을 때는, 거의 예외 없이 대중의 신임을 얻기에 적당한 가장 유능하고, 가장 선하고, 가장 인간적이며 진보적이라 생각되는 사람들이었다"는 타운센드 후프스의 견해에 동의할지도 모른다.[47] 그리고 테일러도 주목하다시피, 도시를 향한 베트남인들의 탈출 행렬이 "'활발한' 공습과 파괴로 추동되었다고 하면서 그 결과 생겨난 난민촌과 병원의 처참한 군상을 '강요된 도시화와 근대화'라 묘사"하는 사람들은 놀랍게도 지도적인 진보적 학자들이다. "이것이야말로 미사여구의 종결자이며, 미국인 일반의 덜 우아하지만 이미 알려진 견해와 한통속으로 묶일 만하다. '그들의 급소를 잡으면 마음과 이성은 따라오게 되어 있다.'"[48]

주요 반폭동 프로그램이 개발되고, ('정책 고문advisers'이라 불리던) 미군이 대규모 폭격과 포격에 직접 참여하고, 고엽제 살포와 대규모 인구 이동과 '주민 통제'가 시행된 것은 바로 케네디 행정부 시절이었다. 존슨 대통령 시절 이들 정책이 더욱 강화

이)뿐 아니라 연합국(미국, 영국 등—옮긴이)도 너무나 광범위하고도 무자비하게 자행했기 때문에 뉘른베르크 재판에서도 (일본을 단죄한—옮긴이) 도쿄 재판에서도 쟁점이 되지 않았다."

47 "The Nuremberg Suggestion", *Washington Monthly*, 1970년 1월호, pp. 18 ~21. 논의를 위해 나의 *At War with Asia*, 6장 참조.

48 Taylor, *Nuremberg and Vietnam*, pp. 202.

되고, 남베트남에 어마어마한 폭격이 퍼부어지고, 직접적인 지상군 침략이 시행되고, 라오스 및 북베트남까지 대규모로 공습이 확대된 것은 모두 케네디의 보좌관들이 시작하고 지도한 일이었다. 이들 중 일부는, 베트남전 지속을 반대하는 이들 대부분이 강조하는 바대로 전쟁 비용이 너무 많이 들고 승리할 가능성이 없다는 이유로, 나중에 전쟁을 반대하는 입장으로 돌아섰다. 그러나 "대중의 신임을 얻기에 적당한 가장 인간적이고 진보적인 사람들"이나 그들을 돕고 자문해주었던 미국의 진보적 지식인들이 불러일으킨 야만적인 행태에 대해서만 말하는 것은 엄청난 자기만족적 오류일 것이다. 얼마나 많은 사람이 얀 뮈르달*이 말한 심판을 피할 수 있겠는가?

…… 의식이 없는 존재는 배반하지 않는다. 그런 사람은 평생동안 안전하게 걷는다. 그러나 우리 유럽인들은 각성하고 통찰하고 의식한 채로 스스로 배반했던 전통을 이어오면서, 전쟁이 선포될 때마다 사전에 세밀한 분석을 해왔다. 그러나 우리는 전쟁을 멈추게 하지는 못했다. (그리고 우리 중 많은 사람은 전쟁이 선포되자마자 전쟁 선동가가 되었다.) 우리는 가난한 사람들

---

* Jan Myrdal(1927~). 스웨덴의 작가.

이 어떻게 부자들에게 약탈당하는지 설명한다. 우리는 부자들 사이에서 산다. 부자들의 약탈에 기대어 살면서 부자들에게 지식을 제공하는 뚜쟁이질을 하고 있다. 우리는 부자들이 저지르는 잔학 행위를 말하고, 그것에 반대하는 호소문 아래 우리 이름을 새기면서도 잔학 행위를 멈추게 하지는 않았다. (우리는 상당한 이해관계가 걸려 있을 때에는 우리 스스로 가해자가 되고, 가학 행위의 정당성을 설파하는 이론가가 되었다.) 이제 우리는 다시 한 번 세계의 상황을 분석하고 전쟁을 말하며 많은 사람들이 가난하고 굶주리는 까닭을 설명할 수 있다. 그러나 그 이상은 하지 않는다.

우리는 의식의 담지자가 아니다. 우리는 이성을 파는 창녀다.[49]

확실히 예외는 있다. 예를 들면 베리건 형제*는 지금 감옥에 있으면서 또 다른 기소 위험에 직면해 있지만, 실제로 그들이

---

[49] *Confessions of a Disloyal European*(New York: Pantheon Books, 1968), pp. 200~201.

* 가톨릭 사제로 시인이자 평화운동가인 대니얼 베리건(Daniel Berrigan, 1921 ~)과 기독교 아나키스트이자 평화운동가인 필립 베리건(Philip Francis Berrigan, 1923~2002) 형제. 이들 형제는 베트남전쟁 반대 운동을 펼쳐 FBI 의 '10대 지명수배자 명단'에 이름을 올렸다. 비폭력 투쟁을 벌이던 중 형 대니얼은 1967년에 체포되어 6년 동안 수감 생활을 했고, 동생 필립은 1968년에 체포되어 3년 반 동안 수감되었다.

한 일이라고는 인도차이나 전쟁의 실상을 폭로하고 설명한 것 뿐이다. 그러나 대부분의 경우, 공식적인 이데올로기를 받아들이지 않거나 국가 권력의 행사에 기여하지 않는 사람들은 역사 책에 각주를 적어 내려가는 한편, 민주주의 국가가 자의적으로 살인과 파괴를 저지르도록 내버려 두고 있다. "무엇이든 좋을 대로 떠들어라. 단, 복종하라!" 칸트가 지적했다시피, 이것이 바로 프리드리히 대왕*의 정책이었다. 인도차이나 농민들은 서방 민주주의의 승리로 그들이 얻은 것이 얼마나 되는지 우리에게 물을지 모른다.

반폭동 이론가들의 최근 작품은 "베트남 역사상 가장 규모가 큰 농민 소개疏開 작전"으로 남베트남의 북부 지역 문제를 해결 하자는 것이다. 여기 사람들이 미군 때문에 거의 완전히 파괴된 지역에서조차 정부의 권위를 받아들이지 않기 때문이란다.[50] "남베트남 관리들은…… 이 작전의 대상이 약 이삼백만 농민에 이를 것이라고 한다." 그러나 사이공의 한 목사가 언급했듯이,

---

* 프리드리히 2세(1712~1786). 1740~1786년 재위한 프로이센 왕. 대표적인 계몽 전제 군주로 알려졌다.

50 3년 전의 상황에 대한 자세한 내용은 다음 자료에 있다. Jonathan Schell, *The Military Half*(New York: Random House, Vintage Books, 1968). 전쟁 기술 이 광범위하게 사용되기 전인 1968년 당시, 북부의 일부 지역은 약 70퍼센트 가 파괴되었다고 언론에서 추정했다.

"농민들은 마치 양 같아서" 그들에게 이주할 의사가 있는지 여부는 전혀 고려할 필요가 없다.[51] 게다가 그들 대부분은 이미 난

---

51 《뉴욕타임스》, 1971년 1월 11일자. 두 달 뒤 《뉴욕타임스》 3월 12일자에 실린 〈사이공이 대규모 난민 정착촌을 포기한 것으로 알려지다〉란 제목의 기사에서는 "미국 관리들이 1월의 언론 기사에 당혹스러워했다" 면서, (사이공에 있는 한 미국인 소식통을 인용하여) "그 시점부터 모든 계획이 경감되었다"고 보도했다. 지금까지 인용된 수치를 보면 약 1만 명에서 2만 명에 이르는 난민이 이주했는데, 이 수치는 "관련자들의 최초 추정치에 훨씬 못 미친다." 미국 관리들은 난민들을 조사한 결과 계획을 변경했다고 주장한다. 정확한 사실을 파악하기는 거의 불가능하지만, 아마 이러한 폭압적인 계획이 폭로된 뒤 반대 여론이 거세게 일자 계획을 포기하거나 축소한 것 같다. 그렇다면 여기서 얻는 교훈은 분명하다. 같은 기사에서는 약 백만 명에 이르는 베트남인이 북부 지역에서 "공식적으로 사람이 살 수 없는 조건이라고 간주되는 곳" 에서 살고 있다고 지적한다.

공개 발행된 기사나 자료는 얼마 안 되지만, 인도차이나에서 지금도 강제 이주가 계속되고 있는 점은 분명하다. 태드 술크(Tad Szulc)의 보도에 따르면 남베트남의 전쟁 난민 수가 극적으로 늘어나, 1970년 10월부터 1971년 2월 사이에 그 전의 월간 증가율보다 다섯 배 정도 증가한 것으로 보인다. 이러한 결과는 남베트남군과 미군의 새로운 작전 때문이다. "미국의 B-52 공습과 남베트남의 군사 작전 결과" 산지 부족 4만 명과 유민 숲(U Minh Forest) 지역민 3만 8000명이 난민이 되었다(《뉴욕타임스》 3월 13일자). 케네디 행정부의 난민 소위원회는 지난 2년 동안 약 300만 난민이 "양산되었다"고 밝혔다. 이러한 추산은 정부의 다른 소식통으로도 확인된다(Herbert Mitgang, 《뉴욕타임스》, 3월 15일자). 미국이 캘리 소위의 재판을 가슴 아파하는 사이,* 밀라이 지역 소탕 작전에서 다시금 "1만 6000명이나 되는 사람들이 집에서 내쫓길지도 모른다" (Henry Kamm, 《뉴욕타임스》, 4월 1일자). 퇴각하는 남베트남 군대가 남베트남으로 강제 이주시킨 라오스의 산악 부족민 수는 알 수 없을 정도다(《뉴욕타임스》 3월 29일자). 이들 작전의 규모는 추측만 할 따름이다.

베트남 농촌이 초토화되고, 농민들이 도시로 강제 이주당한 것을
미국의 지식인들은 '도시화'라고 불렀다.

민이고, 따라서 그들의 지위에 실질적인 변화는 없다고 말할 수도 있겠다. 다음과 같은 상황이 벌어지는데 그 누가 반대할 수 있겠는가?

난민들은 여러 가지 방식으로 양산되었다. 예를 들면 미군과 남베트남군이 들어와서 마을을 몽땅 파괴하고 사람들을 난민으로 데려간다. 도망치는 사람은 베트콩 요원으로 간주되어 사살되었고, 따라 나서지 않는 사람도 물론 베트콩으로 간주되어 사살되었다. 사람들을 끌어내기 위해 헬리콥터로 마을에 도착한 군인들은 마을 사람 전체를 색출하기에 충분한 병력이 확보되

---

* 1968년 3월 1일 미군 1개 중대(미 육군 제23보병사단 제11여단 제20연대 제1대대 찰리 중대)가 남북 베트남의 접경지대인 선미 마을(The Village Sơn Mỹ)의 밀라이 촌락과 미케 촌락에서, 여성과 어린이가 대부분인 비무장 민간인 347~504명을 학살했다(밀라이 대학살). 1969년 4월 제11여단의 한 병사가 닉슨 대통령, 미 국방부와 합동참모본부, 국무부와 국회의원들에게 편지를 써서 이 사건을 고발했으나 다수는 침묵했고, 그해 9월 제2소대장인 캘리 소위(William Laws Calley, Jr., 1943~)가 고의살해 혐의로 미국 법정에 조용히 기소되었다. 프리랜서 기자인 시모어 M. 허시의 탐사 보도로 사건이 널리 알려졌고, 중대원인 장교와 병사 26명도 같이 기소되었으나 1971년 3월 29일 캘리 소위만 발포 명령을 내려 22명을 살해한 혐의로 무기징역 판결을 받았다. 당시 조지아 주지사였던 지미 카터를 비롯해 많은 미국인이 혼자서 모든 책임을 뒤집어쓴 캘리를 위해 구명 운동을 벌였고, 결국 징역 개시 하루 만인 4월 1일 닉슨 대통령은 캘리를 석방하고 가택 연금했다. 캘리는 3년 반 만에 가택 연금에서도 풀려났다. 2009년 8월 캘리는 밀라이 대학살에 대해 사죄했다.

지 못한 경우, 아예 마을 전체를 초토화시키기도 했다. 군인들은 벼이삭이 팬 논을 쑥대밭으로 만들었다. 그들은 이들 지역을 적어도 5년 동안 되풀이 폭격하고 H+I 포격(harassment and interdiction: 적군의 야간 침입을 막기 위한 무차별 포격—옮긴이)을 가했다. 무차별 포격은 베트남 전역에서 표적도 없이 무작위로 이루어졌다. 상황을 더욱 악화시켜 먹을 것이 떨어지면, 사람들이 밖으로 나오거나 굶어 죽을 테니까.

　친구들로부터 알게 된 사실인데 이 지역 서부에 사는 사람들은 말 그대로 지하에 살아야만 했다. 어느 때든 밖으로 나올 수 없었다. 그들은 동굴이나 지하 벙커에 있다가 밤에만 밖으로 나와 폭격으로 푹 팬 구덩이에 채소를 심었다. 그들은 인燐 성분이 많은 폭탄 구덩이에서 어떤 식물이 잘 자라는지 경험으로 알게 되었다. 질산이 많은 TNT 종류 폭탄 구덩이에서 매우 잘 자라는 작물들도 있었다. 그들은 이런 식으로 살아남았다. (폭탄 구덩이에 농작물을 재배하는 것은) 그들에게 남은 농토라고는 그렇게 만들어진 구덩이밖에 없었기 때문이다.

　양민들이 강제로 소개되고 나면, 해당 지역은 공중 폭격과 지상군의 포격으로 싹쓸이되었다. 호스테터는 "이 지역의 농촌은 모두 파괴될 것이고 남아 있는 사람은 누구든지 몰살될 것"이라고 예측한다.[52]

이 같은 새로운 만행이나 만행의 확대 진전을 공식 발표할 때 서방의 민주 국가들이 보이는 반응은 어떤 것일까? 두고 볼 일이지만, 미국 정부는 뉘른베르크 재판을 편리하게 망각하면서, 자신들이 저지른 범죄에 대해 제기된 음모론들을 계속해서 범죄시할 것이다.

버트런드 러셀은 진정 의식 있는 사람들 중에서도 손에 꼽히는 사람이다. 미국이 베트남에서 벌인 전쟁의 야만성에 대해 미국인들에게 경종을 울리려는 그의 끝없는 노력은 광범위한 비난을 불러일으켰다. 《뉴욕타임스》의 사설은 "속이 훤히 들여다보이는 공산주의 선전을 아무런 생각 없이 받아들이고 있다"고, 곧 우리가 아는 한 모두 사실인 직접적인 보고서들을 아무 생각 없이 받아들이고 있다고 러셀을 비난했다. 《뉴욕타임스》는 한

---

52 Doug Hostetter, *CRV Newsletter*(840 West Oakdale Avenue, Chicago), 1971년 1월호 인터뷰. 종교적 평화주의자인 호스테터는 1966년부터 1969년까지 베트남의 쿠앙틴 지역에서 자원 봉사자로 일하다가 잠깐 귀국했다. 그는 베트남어를 구사할 수 있으며 이 지역에 대해 해박한 지식을 가지고 있다. 그는 베트남 농촌 지역의 거의 95퍼센트와 (베트남의 언론 보도에 따르면) 수도권의 80퍼센트가 베트남 민족해방전선(National Liberation Front: NLF)에 우호적이라고 추정한다. 베트남 사람들은 정부에 반감이 심해서, 부통령인 끼(응우옌 까오 끼/Nguyen Cao Ky/阮高祺, 1930~)가 그가 사는 마을을 방문했을 때는 관리들을 제외하고 마을 사람 모두가 외출을 금지당했을 정도였다. "길거리로 나왔다가는 당장 총을 맞을 겁니다. 그것이 미 육군본부에서 사이공 정부가 사랑받는 방식이지요."

걸음 더 나아가서 "미국인 고문관들과 교관들의 참을성, 신중함, 올바른 판단력이 엄청난 덕을 베풀었다"고 설명하기까지 했다. 1963년 미국의 전시 특파원인 리처드 트러거스키스(Richard William Tregaskis, 1916~1973)는 미국의 한 헬리콥터 조종사를 인터뷰했다.

베트남에는 베트콩 지배력이 아주 강력한 지역이 있습니다. 거기서는 거의 모든 양민이 적이라고 생각하면 됩니다. 당신도 아시다시피, [베트남에 파견된 조종사 부대의 전신이었던] 362비행대는 아주 거칠었어요. 헬리콥터 한 대가 먼저 출동해 사람들이 이리 뛰고 저리 뛰면서 아수라장이 되면, 또 다른 헬리콥터가 그들을 향해 총격을 퍼부었습니다.[53]

"엄청난 덕을 베푸는" 또 다른 형태는 1961~1962년부터 고엽제를 사용하여 마을을 초토화함으로써 농민들을 정부가 통제하는 난민촌으로 몰아넣고 기아와 죽음의 위협을 받게 한 것이었지만, 이는 세인들의 주목을 거의 끌지 못했다.[54] 러셀 법정

---

53 *Vietnam Diary*(New York: Holt, Rinehart & Winston, 1963), p. 108. 러셀의 초기 노력과 《뉴욕타임스》의 사설이 보인 반응에 대해서는 그의 *War Crimes in Vietnam*(New York: Monthly Review Press, 1967)을 보라.

Russell Tribunal*이 제시한 증거들은 미국인과 영국인들에게 아주 효과적으로 차단되었다. 지금껏 알려진 바로는 정확하게 사실을 전달하는 증언이 광범위하게 존재한다.[55] 전반적으로 이 '특별한 관계'에 대한 연대기에는 그렇게 자랑스럽지 못한 장면이 도처에 삽입되어 있다.

내 생각에 러셀이 창안한 법정을 오늘날 되살리는 것보다 더 적절한 러셀 추모 방안은 없는 것 같다. 러셀 법정이 폭로한 것들은 이제 비밀이 아니다. 그러나 전쟁 범죄는 아직도 계속되고 있고, 범죄자들은 감옥에 수감된 평화주의 사제들이 사주했다는 환상적인 "음모들"을 날조하고 있다. 러셀 법정이 막을 내릴

---

54 관련 문헌을 보려면 나의 *At War with Asia* 2장 참조. 당시 미국의 라오스 개입에 대해서는 N. Adams and A. McCoy, eds., *Laos: War and Revolution* (New York: Harper & Row, 1970)을 보라. 이와 관련해서 다음 논고도 매우 흥미롭다. Coral Bell, "How Guilty Are American Liberals?", *New Society*, 1970년 4월 9일자. 이 글은 케네디 행정부 시절 베트남과 라오스에 자행된 군사 개입의 본질을 완전히 무시하고 있을 뿐 아니라, 나중에 솔선하여 전쟁을 확대한 당사자들이 바로 똑같은 진보적 보좌관들과, 전임자에 버금가는 진보적 명성을 얻고 있던 대통령이었다는 사실도 도외시하고 있다.

* 미국이 베트남에서 저지른 전쟁 범죄를 국제법에 따라 심판하자는 취지로 러셀과 장 폴 사르트르가 주도해 1966년 설립된 민간 법정. 1970년대에는 라틴 아메리카에서 자행된 미국의 군사 개입에 대해 2차 러셀 법정이 열렸다.

55 대형 출판사와 연계되지도 못하고 거의 아무런 조명도 받지 못한 베트남 관련 저서 중 하나로 다큐멘터리 선집인 Seymour Melman 외 엮음, *In the Name of America*(Annandale, Va.: Turnpike Press, 1968)가 있다.

때 의장은 "세계에서 가장 강력한 국가에 속하는 군대의 광포한 힘에 내맡겨진 작은 농민 국가"를 구하기 위해 모든 노력을 다함과 더불어, 인류의 모든 양심 세력은 미국의 반전운동가들 곧 "미국의 전통 중에서 가장 빛나는 전통을 지키려는 사람들"을 보호해야 한다고 경고했다.[56] 미국이 아시아에서 끝없이 전쟁을 벌이는 데는 미국 내의 수동적 반응과 동맹국들의 관용이나 무관심이 필요하다. 버트런드 러셀 같은 사람들이 평화운동을 계속하지 않는다면, 미국은 전쟁을 포기하지 않을 것이다.

취향이 아주 괴팍한 사람이라면, 인도차이나 전쟁에서 의식의 각성을 회피하기 위해 이용되어온 여러 가지 메커니즘을 되뇌면서 전쟁을 방치할 수 있을 것이다. 미국이 베트남의 국토를 파괴하고 그들의 사회를 도시화함으로써 베트남 국민들에게 제공하는 이득이 있다고 설명하는 미국 선전선동가들의 책략을 되풀이하는 것은 정당하지 않다. 미국과학진흥협회American Association for the Advancement of Science의 조사단이 최근에 내린 결론은 고엽제 살포가 베트남에 "극도로 심각한 해"를 끼쳤다는 것이다. 예를 들면 사이공 북부와 서부에서 성숙한 활엽수림의 절반 정도가 죽었고, 따라서 앞으로 수십 년 동안 쓸모없

---

56 Vladimir Dedijer, *The Battle Stalin Lost*(New York: The Viking Press, 1971), p. 331.

는 대나무 숲이 이 지역을 뒤덮을 것이다.[57] 그러나 미 국방부의 반응은 다음과 같다.

"남베트남 경제의 어떤 분야는 고엽제 사용으로 이익을 보았을지 모른다. 특히 임업과 소농小農 농민들이 이익을 보았을 것이다."[58]

"활엽수림 일부가 파괴되었지만, 오히려 나무들을 벌채해 쓸 수 있게 되었다. 고엽제 사용으로 (걸음을 막던 빽빽한 수풀이 죽어서ㅡ옮긴이) 들어가기 쉽게 되어서, 인부들이 숲 속으로 들어가서 나무를 끌어내 올 수 있다."

미국과학진흥협회 조사단이 평가한 바에 따르면 현재 남베트남 전체의 목재 수요량을 기준으로 향후 32년간의 수요량과 맞먹는 약 62억 보드피트*가량 되는 사업용 목재가 고엽제로 죽어나갔으므로, 앞으로도 몇 년 동안이나 더 이익을 볼 수 있다고 미 국방부 대변인은 덧붙일지도 모르겠다. 똑같은 논리라면 우리는 로테르담의 도시 계획을 세우는 데 공헌했다고 히틀러를 칭송해야 할 것이다.

---

57 《사이언스Science》지, 1971년 1월 8일자에서 인용했다.

58 《뉴욕타임스》, 1971년 1월 9일자. 아래 문장까지 미 국방부 대변인인 제리 프리드하임(Jerry Friedheim)의 말이다.

* 1보드피트=1인치(두께)×1피트(가로)×1피트(가로). 보드피트(board feet)는 각진 재목의 부피를 재는 단위.

우리의 적으로 지목된 사람들의 잘못을 지적하는 이들도 있다. 예를 들면 베트민*은, 비록 미국이 사주한 남베트남 독재정부가 저지른 규모에는 미치지 못하는 것이 확실하지만, 1950년대 후반부터 선택적으로 테러를 이용했다. 조지프 버팅거**는 다음과 같이 증언한다.

1956년 6월, 공산주의자들이 아무런 무력 사용 없이 통제하고 있던 지역들로 응오 딘 지엠은 두 차례 대규모 정찰대를 보냈다. 그의 병사들은 수만 명을 체포했다. ……농민 수백 명, 어쩌면 수천 명이 죽임을 당했다. 정부에 우호적이지 않은 주민들이 사는 마을이 있으면 마을 전체를 포격으로 파괴했다.[59]

---

*   베트남독립동맹. 1941년 호찌민의 주도로 결성되어 프랑스 식민지였던 베트남의 독립 투쟁을 이끌었고, 독립 이후 북베트남 정권을 주도했다. 1950년대 말부터 남베트남의 게릴라군인 베트콩과 연합하여 친미적인 남베트남 정권과 미국에 대항해 싸웠다.

** Joseph Buttinger(1906~1992). 오스트리아 사회민주당 정치가로 반파시즘 운동을 펼치다, 나치 점령을 피해 미국으로 이주한 뒤 동아시아 전문 학자가 되었다.

59 "Lösung für Vietnam", *Neues Forum*(Vienna), 1966년 8~9월호. Edward S. Herman, *Atrocities in Vietnam*(Philadelphia: Pilgrim Press, 1970), p. 22에 번역 수록된 것을 인용했다. 버팅거는 초기에 응오 딘 지엠(1901~1963, 남베트남의 독재 대통령)을 지지했으나, 나중에 지지를 철회했다. 버팅거는 베트남 민족해방전선을 "재탄생한 베트민"이라 불렀다.

매판 정부('매판'이란 외국 자본과 결탁하여 자기 나라의 이익을 해치는 것을 말한다—옮긴이)의 급습을 받고 나서 다시금 조직된 베트민의 테러는 많은 비난을 받았다. 나는 정확한 근거 자료를 구하지는 못했지만, 1930년대 후반에 많은 일본 지식인들이 중국 민족주의자들의 테러에 똑같은 방식으로 대응했으리라고 생각한다. 당시 "일본군이 점령한 중국 해안 지대에서 중국인 특공대는 적에게 협력한 사람들에게 공포심을 심어주려고, 부역자로 알려졌거나 의심스런 사람들을 여러 가지 잔혹한 방법으로 제거했다."[60] 그러나 중국 (혹은 프랑스) 저항 세력의 테러는 서방 세계에서 대규모 폭격을 가하라는 외침을 불러일으키지 않았다.

'우리의 적들'이 보인 또 다른 부적절한 소행도 많은 주목을 끈다. 예를 들면, 미국인 학자 한 사람은 소문으로 떠돌던 파테트 라오*의 '실책들'에 대해 다음과 같이 말했다.

"난민들이나 우호적인 관찰자들의 증언에 따르면 실질적인 진전이 있었다는 주장은 설득력이 없다."[61]

---

60 John, H. Boyle, "The Road to Sino-Japanese Collaboration", *Monumenta Nipponica*, Vol. 25(1970), pp. 3~4.

* Pathet Lao. 1950년 결성된 라오스의 좌파 연합 전선. 베트민과 함께 프랑스에 대항해 독립 투쟁을 펼쳤다. 1975년 라오스인민민주공화국 수립을 주도했다.

61 Paul F. Langer, *Laos: Preparing for a Settlement in Vietnam*, p-4024, RAND Corporation, 1969년 2월.

랜드연구소*의 이 학자는 유일한 증거로 자크 드코르누아의 보고서를 인용했는데, 이 사람은 1968년에 라오스의 해방 지구들을 방문하고, 도시와 마을과 농장을 파괴한 미 공군의 끊임없는 공습을 당하면서 동굴 속에 숨어 살던 농민들의 실상을 소개했다. (드코르누아의 보고서는 미국 언론계에서 "인쇄하기에 적절한 뉴스"의 범주에 들지 않는 것이었다. 영국의 언론이 미국과 다른 시각을 가지고 있었는지는 잘 모르겠다.) 이 학자는 "난민들의 증언"을 제시하지 않았지만, 난민들은 밤에도 농사를 짓기 어려웠다고 한다. 파테트 라오의 사회·경제 개혁 실패를 알리려는 그의 연구를 지원한 바로 그 기관의 테러 공격 때문이었다. 여기서 러시아 볼셰비키가 겪은 실패를 보고 서방 세계가 취한 태도에 대해 러셀이 논평한 것이 생각난다. 볼셰비키는 "국내 적수들의 끝없는 위협을 받으며, 잔인하고 의심스러운 내전과 대외 전쟁"을 치르고 있었다.

이런 절박한 상황에서 야기된 산업 분야의 모든 실패와 독재

---

* RAND Corporation. 1946년 미국 공군의 위촉을 받아 군수기업인 더글러스 항공사가 설립한 랜드 프로젝트가 시초다. 1948년 더글러스 사와 분리되고 포드재단의 지원을 받아 별개의 조직이 되었다. 미국 국방·행정 분야에 관한 우파 최대 싱크탱크다.

적 규제는 연합국의 정책 정당화를 위해 이용되었다. 먹을 것과 마실 것을 빼앗긴 사람은 몸이 약해지고, 판단력을 잃고, 마침내는 죽는다. 굶주림으로 말미암은 고통스러운 죽음은 일반적으로 합당한 일로 여겨지지 않는다. 그러나 국가가 관련된 한, 국가의 나약함과 분쟁은 도덕적인 잘못이며 더 심한 처벌을 받아 마땅한 일로 간주된다. ……소비에트 러시아보다 영국 사람들 쪽이 인도주의적인 태도를 더 차갑게 받아들인다는 사실이 놀랍지 않은가?[62]

그러나 이것이 정확한 비유는 아니기 때문에 굳이 강조하고 싶지는 않다. 1차 세계대전 당시의 연합국은 미국이 인도차이나에서 저지른 만행을 도덕적으로나 실질적으로나 따라갈 수 없다.

문제를 미궁에 빠뜨리는 또 다른 효과적인 방법은 전쟁이라는 '문제'를 순전히 기술적인 용어로 탈바꿈시키는 것이다. 각각 미국인과 영국인인 두 반폭동 전문가는 "〔반폭동의〕 모든 딜레마는 실제적이고, 윤리의 측면에서는 자연 법칙처럼 중립적"이라고 설명한다.[63] 상황은 아주 단순하다. 우리는 반폭동 실험

---

62   Russell, *Practice and Theory of Bolshevism*, pp. 68, 55(한국어판: 문정복 옮김, 《볼셰비즘의 실제와 이론》, 이문출판사, 1983).

을 위해 선택된 사회에서 선택된 사회 집단의 지배권을 확립하고자 하는 목표를 가지고 있다. 목표 실현을 위해 사용할 수 있는 몇 가지 방법이 있는데, 농촌 지역 개발과 소비재 수입 계획부터 B-52 폭격과 농작물 초토화에 이르기까지 다양하다. 그리고 정책 입안자들은 성공 확률을 극대화하기 위해 이들 수단을 복합적으로 활용하는 임무를 안게 된다. 신경질적이거나 자학적인 도덕주의자들만이 이런 데서 윤리적인 갈등을 느끼는 법이다. 그럴듯한 학술 용어를 설정할 수도 있다. 화력이나 화학 무기를 사용해서 사람들을 정부가 통제하는 도시로 몰아넣는 것은 "도시화"라고 한다. 도시화는 그 사회의 근대화를 보여주는 지표다. 우리는 "인구 통제 조치 실험"을 수행하고 있다. "(정치적—옮긴이) 태도"나 "통제 행위" 같은 모호한 개념들은 버리고, "닭 몰수, 가옥 파손, 마을 파괴"와 같이 부정적이거나 긍정적인 효과를 보강한 말을 적절히 배합한다.[64] 또, "특정한 서비스와 교환해 식량을 제공하는 일"을 생각해보자. "이것이 과거에 강력한 자극 요인이었다면, 해당 지역의 농업 생산량을 증대

---

63 George K. Tanham and Dennis J. Duncanson, "Some Dilemmas of Counterinsurgency", *Foreign Affairs*, Vol. 48, No. 1(1969년 10월), pp. 113~122.

64 나의 *American Power and the New Mandarins*(New York: Pantheon Books, 1969), 1장 참조.

해서 그 효력을 약화시킬 수 있다. 반대로 이러한 거래가 미약하거나 중립적인 자극제였다면, 곡식을 태워 없앰으로써 강화시킬 수 있다."[65]

오직 기술적인 문제로 다루는 한, 그들의 만행은 범죄적 의도로 저질러진 게 아니라 어리석은 실책이었다고 설명하기가 쉬워진다. 이 방법의 효율성과 범위를 파악하기 위해서 다음과 같은 유용한 실험을 해볼 수 있다. 소련이 자기네 말을 잘 듣지 않는다는 이유로 어느 먼 나라에 600만 톤쯤 폭탄을 퍼부었다고 생각해보자. 그리고 인도차이나 전쟁에 관한 서방 온건파의 논평들을 골라 적당한 자리에 대입해보자. 일단 '미국' 대신에 '소련'을 넣는 것이다. 불행하게도 전쟁으로 "일련의 기술적인 문제들을 해결"하게 되었는데, 그만 "점잖고 능력 있고 소탈한 상급 관리들"이 계획한 작전 때문에 농민들은 공습을 피해 마을을 떠나서 동굴에 1년 열두 달을 숨어 지내고, "밖으로 나갈 때는 어두운 색 옷을 입거나 밤에만 들로 나가서 농사를 짓는다." 공습이 어느 정도로 심하느냐 하면 폭격기들이 밤낮 가리지 않고

---

65 Wolf and Jorgensen, "Anthropology on the Warpath in Thailand", American Institutes for Research, *Counter-insurgency in Thailand, a Research and Development Proposal*(Pittsburgh, 1967)에서 인용. 이 보고서는 국내에서 알게 된 사실들을 적용하는 것이 "잠정적으로 프로젝트의 가장 중요한 몫이 된다"고 지적한다.

"움직이는 것을 보면 그것이 강아지라도 쏘아댈" 정도다. 그들이 무차별 살포하는 인화성 폭탄으로 가옥과 과실나무들이 불타고, 들과 언덕, 마침내 "강물조차 불붙을 정도"가 된다. 집속탄이라는 것도 있는데 그 안에는 "작은 폭탄이 가득하고, 이 작은 폭탄 속에 또 수백 개 탄환이 들어 있어서 폭발하면 그 파편이 인간의 살을 갈기갈기 찢는다." 그리하여 결론을 말하자면, 이런 행위를 저지른 침략자들의 "어리석음과 무지"를 "악의"로 치부하는 것은 잘못이다. 우리는 소련이나 "군사적 괴물"이 아닌 사람들에게 "비합리적인 반감"을 품어서는 안 된다. 그들은 잘못된 정책의 기술적인 필요성 때문에 "제도화"되기는 했지만, 사려 깊고 동정적이기까지 하다.[66] 비교적 친러시아적인 언론에서 이렇게 설명하는 것에 우리는 어떻게 반응해야 하는가? 이런 실험을 되짚어보면 우리는 서구 문명의 상태에 대해 매우 흥미로운 점을 배울지 모른다.

C. P. 피츠제럴드*는 또 다른 기술을 설명했다.

"잔인하고 위험한 침략자의 관점에서 공격의 희생자를 설명

---

66 다음 글에서 인용, 수정했다. Ian Wright, "US in Asia—Mad or Bad? Review of Proceedings of the Bertrand Russell War Crimes Tribunal", *The Guardian*, 1971년 1월 29일자(내 *At war with Asia*의 논평 참고).

*   Charles Patrick Fitzgerald(1902~1992). 영국계 오스트레일리아인인 동아시아 학자로 특히 중국 전문가였다.

하는 정신적 속임수는 죄의식을 덜어주는 메커니즘으로 자리를 잡았다."[67]

글을 읽을 줄 아는 서방 사람이라면 이 말에 해당하는 오늘날의 사례를 찾는 데 어려움을 느끼지 않을 것이다.

잔혹한 공격을 당한 희생자들을 비난하는 것은 이 기술의 효과적인 변형이다. 미국의 공군참모차장은 인도차이나의 반란군이 "서방 세계를 끌어들임으로써, 군사적 결정력을 지닌 서방이 전략적 논리를 최후의 결론, 다시 말해 인종 청소로까지 밀고 나가도록 했다"고 말한다.[68] 내가 읽기로 이 문장은, 어쨌든 반란군에게 테러를 불러들인 책임이 있다는 인상을 심어준다. 어떤 것은 매우 노골적이다. 어느 저명한 종군기자는 전쟁을 강력하게 반대하는 사람인데, 베트남에 오랫동안 근무한 뒤 최근 다음과 같은 감상을 밝혔다. 그는 전쟁이 끔찍한 실수라고 한다.

미국은 베트남의 근본적인 차이점을 받아들이지 않았다. 예를 들면 공무원들이 동맹 미국인들에게 일상적으로 뻔뻔하게 거짓말을 할 수도 있고, 사이공의 더러운 빈민굴에서는 거지들

---

67 *The Nation*, 1966년 5월 23일자. Parenti, *Anti-Communist Impulse*, pp. 167 ~168에서 인용.

68 Hoopes, *The Limits of Intervention*, p. 129.

이 더 불쌍하게 보이려고 갓난아이를 사거나 훔쳐 올 수도 있는 사회라는 속성을 이해하지 못했다. …… 남베트남 사회의 충격적인 타락상이라든가, 평범한 베트남 사람의 이기적 행태들과 사회 전반에 만연한, 시민정신의 거의 완전한 결여를 망각하거나 도외시하기는 아주 쉽다. …… 인간의 본성에 대한 미국의 근본적인 낙관주의는 여기서 가혹한 시험대에 오른 셈이다. …… 베트남인들의 본성이…… 〔아마〕 미국이 여기서 노력한 만큼 보람을 얻지 못하게 한다.[69]

첫째, 우리는 지금 베트남의 농촌 사회를 파괴하고 수백만 농민을 처참한 도시 빈민가로 내몰고 있다. 그렇게 해놓고 우리는, 거지들이 더 불쌍하게 보이려고 갓난아이를 사거나 훔친다며 그들을 비난한다. 인간의 본성에 대한 우리의 근본적인 낙관주의를 가혹한 시험에 들게 하는 것은 그들의 이기심이다. 게다가 서구의 천재성이 고안해낼 수 있는 모든 가공할 무기에 대항해 25년 동안 싸워온 이 사람들에게 시민정신이란 존재하지 않는다.

이런 속임수에 기꺼이 넘어가 주려는 마음, 틀림없이 그것은 베트남 문제에 관한 한 사고 능력을 잃어버리는 놀라운 현상을 설명할 수 있는 주요인이다. 미국에서 널리 퍼진 반전 분위기를

---

69 Robert G. Kaiser, *Boston Globe-Washington Post*, 1970년 8월 30일자.

생각하면, 이 말은 이상하거나 비꼬인 것으로 들릴지도 모른다. 그러나 사실은 미국 정부가 선전전에서 놀랄 만한 승리를 거둔 반면 베트남 문제에 관한 논리를 모두 잃었다고 생각한다. 미국 정부는 전쟁이라는 쟁점이 다루어지는 논의의 틀을 설정하는 데 성공했다. 앞에서 언급했던 텔퍼드 테일러의 책은 아주 좋은 예다. 이 책을 '친정부적'이라고 하기는 어렵다. 이 책의 지은이는 미국의 정계와 군사 지도자들을 전범재판에 회부하자고까지 주장할 태세다. 그렇지만 그의 논의는 완전히 정부가 제시한 가정의 틀 내에서 이루어진다. 그가 볼 때, 전쟁은 남베트남과 북베트남의 싸움이다. 북베트남이 침략자라고 주장할 만한 명백한 근거가 있다.

> 속임수에 기꺼이 넘어가 주려는 마음, 틀림없이 그것은 베트남 문제에 관한 한 사고 능력을 잃어버리는 놀라운 현상을 설명할 수 있는 주요인이다.

지상전은 확실히 남베트남 지역에서 이루어지고 있다. 그리고 "국경의 남쪽"에서 베트콩과 연합 전선을 펴면서 남베트남 정부를 전복하려는 것도 북베트남이다.[70]

---

70 Taylor, *Nuremberg and Vietnam*, p. 101.

그러나 그의 주장에 따르면 북베트남이나 남베트남 중 어느 쪽이 먼저 전쟁을 시작했는가 하는 문제는 중요하지 않고, 남베트남의 행위들이 합법적인가를 판단하는 미국의 법정은 북베트남의 베트콩 지원이 정당한가도 판단해야 한다. 제네바협정*의 정신에 비추어서 말이다. 이러한 논의에서 눈에 띄는 점은 다음과 같은 명백한 질문을 반드시 피하는 것이다. 곧 미국이 남베트남을 침공한 것은 아닌가? 또 (그 전이 아니라면) 적어도 1954년 이후 미국이 남베트남과 라오스에 개입한 것은, 국제 관계에서 무력시위나 직접적인 무력 사용을 삼가도록 한 법적 의무를 위반한 것은 아닌가? 어쨌든 지상전은 모두 남베트남에서 일어났고 미국에서 일어나지 않았다. 그러므로 미국을 침략자로 간주할 명백한 근거가 있는 셈이다. 폭격, 고엽제 살포, 민간인 강제

---

* 1954년 4월, 동아시아에서 벌어진 분쟁을 마무리하기 위해 스위스 제네바에서 국제회의가 열렸다(제네바회담). 한국의 통일 문제와 인도차이나 문제를 다루었는데, 인도차이나 문제에 관한 회담에는 프랑스, 북베트남, 남베트남, 라오스, 캄보디아, 미국, 영국, 소련, 중국 정부의 대표가 참가했다. 회담 결과 체결된 제네바협정의 주요 내용은 북위 17도선을 경계로 하여 베트남을 남북으로 분할하며, 300일 이내에 양쪽 군대는 라오스와 캄보디아에서 철수하되 라오스와 캄보디아 정부의 요청이 있을 경우 프랑스군은 그 지역에 주둔할 수 있다는 것이었다. 그리고 1956년 7월까지 국제 관리하에 통일 베트남 정부 수립을 위한 총선을 실시하도록 했다. 인도차이나 3국의 중립화와 주권·독립·통일·영토 보전 존중 등이 명시되었고, 참가국 대부분은 협정 준수를 맹세했지만 미국과 남베트남은 최종 선언문에 조인하지 않았다.

이주, 토벌 작전, 무차별 포격, 정치적 암살을 포함한 피닉스 계획과 '중립화'* 등 미국의 공격이 총력 집중된 곳은 남베트남이다. 미국이 "마음대로 파괴할 수 있는 적지"로 간주했던 지역도 남베트남이다. 이런 적지에서는 "자연의 균형이…… 깨진 상태가 앞으로도 수십 년간" 이어질 것이고, "공산주의자들의 근거지로 의심되는 지역에 대한 무자비한 폭격은 농촌 공동체의 기본 자산인 마을과 관개 시설을 깡그리 초토화했다." 기본적으로 남베트남에서 "이러한 상황을, 독일이 2차 세계대전 당시 소련으로 침공해 들어갔던 악독한 방식이나 제3공화국이 패망하기 직전에 독일에서 반나치 연합군이 자행한 파괴 행위와 비교하는 것은 결코 과장이 아니다."[71] 남베트남과 라오스에 관해서 미국은 다음과 같이 결론지었다.

농촌 지역에 대한 폭격과 점령을 피해 베트남 사람들이 대거 이주한 데 따른…… 이점이 있다고도 볼 수 있다. 옳든 그르든

---

* 피닉스 계획(Phoenix Program)은 미국 CIA와 특수작전부대, 남베트남 경찰이 1967년부터 1972년까지 연합해서 집행한 반폭동 프로그램이다. 베트콩의 지지 기반을 파악해서 '중립화'하는 것을 목표로 삼았다지만, 실제로 한 일은 베트콩 요원을 납치, 감금, 살해한 것이었다. 무차별 폭력을 사용한 암살 프로그램으로 국제적인 비판을 받았다.

71 "The Rape of Indochina", *Far Eastern Economic Review*, 1970년 7월 16일자, p. 22.

미국의 만행과 그 결과는 두 나라의 전통적인 사회·경제 구조를 뒤흔들었다. 그리고 의심스럽긴 하지만 미국은 그 구조와 밀접하게 연계된 반란을 진압할 수 있을 것이다.[72]

게다가 미국 정부에서 흘러나온 자료에 따르면 미군의 남베트남 개입은 훨씬 일찍부터 시작되었고, (정당성은 차치하고) 규모 면에서 북베트남의 개입보다 훨씬 더 광범위한 것이었다. 미 국방부와 상원의원 맨스필드*는 다음과 같은 사실을 밝혔다. 약 400~500명에 이르는 북베트남 정규군이 남베트남에서 처음으로 파악된 것은 1965년 4월 말이었는데, 이는 남북 베트남에 대규모 공습이 시작된 지 2개월 반이 지난 때였고, 이른바 통킹 만 사건이 조작되고 나서 이어진 고강도 폭격이 있은 지 8개월 뒤였다. 체스터 쿠퍼Chester Cooper는 최근의 회고록에서 이 사실을 다시 확인해주었다.

〔1965년〕 4월 말까지 베트콩 비정규군 10만 명과 북베트남 정

---

72 Jean-Claude Pomonti, *Le Monde Weekly Selection*, 1970년 9월 23일자.
*   Michael Joseph Mansfield(1903~2001). 미국 민주당 소속 몬태나 주 상원의원으로 대표적인 비둘기파 정치가였다. 1966년 베트남 평화회의를 제안한 바 있고, 한국에 관해서는 1960년 10월 오스트리아식 중립화 통일 방안을 제안하기도 했다.

규군 포함 약 3만 8000~4만 6000명에 이르는 적군의 주력부대가 남베트남에 있는 것으로 여겨졌다. 미군 전투부대는 빠른 속도로 남베트남에 배치되고 있었다. 4월 말에는 미군 병력 3만 5000명 이상이 배치되어 있었고 5월 초순에 그 수는 4만 5000명으로 증가했다.

남북 베트남에 대한 고강도 공습이 2월 초에 시작되었을 때, 미 국방부는 북베트남이 먼저 남베트남을 침공했다고 주장하는 백서White Paper로 공습을 정당화하려 했다. 쿠퍼가 말하다시피 "구역질 나게 실망스러운" 시도다. 가장 중요한 문제는 "[침공 주장에 대해] 입증할 수 있는 증거라는 것들이 미약하기 짝이 없다"는 것이다. 예를 들면 "중국 공산당에서 흘러나온 것으로 의심되는 75밀리 무반동총 3정, 소련제 소총 46정, 체코제 기관단총 40정과 자동권총 한 정이 노획되었다." 반면에 미국은 1961년 이후 사이공 정부에 8억 6000만 달러에 이르는 군사 원조를 쏟아부었다. 2만 3000명에 이르는 미군과 비교하면 북베트남의 침투 요원들 수는 크지 않다(2만 3000명은 수년 동안 군사 작전에 직접 투입된 미군 병력의 수라는 사실을 그는 지적하지 않았다). 사실, 백서는 제네바협정이 파탄 난 뒤 고향으로 돌아간 남베트남인들을 제외하고는 사실상 어떠한 침공의 증거도 제시하지 못했다.[73] (쿠퍼는 한 가지 사실을 말하지 않는데, 이 문제에 관해 해박한 버나드 폴*에 따르면 사이공 측의 게릴라 요원들이 북베트남에 '침투'하기 시작한 것은 이른바 북베트남 요원들의 남베트남 침투가 있기 수년 전부터였다. 또 숙련된 남베트남 요원 다수가 미국이나 다른 나라에서 군사 훈련을 받은 후에 다시 남베트남 곳곳에 '침투'해 들었다는 사실도 쿠퍼는 언급하지 않았다.)

사실 사이공의 미국 관리들이 1962년 당시에 추산한 바에 따르면 남베트남 인구의 절반이 민족해방전선을 지지하고 있었고, 미국의 명백한 침공이 이루어지던 시기에는 각 지방이 속속 자생적인 저항 세력의 영향권으로 넘어갔다. 그렇기 때문에 남베트남 침공과 주기적인 고강도 폭격이 필요해 보였던 것이다. 더욱이 왜 베트남 민족해방전선이 승승장구했는지 설명해주는 증거는 수없이 많다.[74] 이들 증거는 아주 분명하고, 대부분 미국

---

73 Chester L. Cooper, *The Lost Crusade: America in Vietnam*(New York: Dodd, Mead & Company, 1970), pp. 277, 264, 265.

*   Bernard B. Fall(1926~1967). 종군기자 출신 역사학자이자 정치학자. 1950~ 1960년대 인도차이나 문제의 전문가였다. 오스트리아 태생으로 프랑스에서 자라나 독일 점령 당시 레지스탕스로 활동했고, 1950년대에 미국으로 이주했다.

74 이 문제에 관한 증거로는 다음을 보라. Robert Sansom, *The Economics of Insurgency in the Mekong Delta*(Cambridge, Mass.: The M.I.T. Press, 1970); William Nighswonger, *Rural Pacification in Vietnam*(New York: Praeger Publishers, 1967); Jeffrey Race, "How They Won", *Asian Survey*(1970년 8월)와 롱안성(省)에 관한 그의 뛰어난 연구 보고서; Douglas

정부에 매우 우호적인 출처에서 나온 것들이다. 이러한 사실을 마주하고도 테일러는 전쟁이 남북 베트남 사이의 다툼이라는 미국 정부의 주장을 의심 없이 받아들이고서, 미국이 남베트남을 침공했는지 여부에 관한 문제는 제기하지 않는다. 미국 정부가 설정한 틀을 받아들인 채 그 허구적인 틀 안에서 만들어진 일부 결론에 의구심을 제기하는 사람은 테일러뿐이 아니다. 베트남전쟁 자체의 다른 측면들은 물론, 라오스와 캄보디아와 관련해서도 유사한 사례가 많다. 적어도 엘리트 지식인이라면 다양한 정보에 제한 없이 접근할 수 있는, 상대적으로 열린 사회에서조차 정부의 선전선동이 매우 놀라운 영향력을 발휘한다는 사실을 알 수 있다.

러셀은 말년에, 베트남전쟁과 핵 재앙의 가능성 등에 대한 정부의 선전선동에 맞서 싸우는 데 대단히 정력적으로 헌신했다. 그의 노력이 커다란 반향을 일으키지는 못했다. 정부가 가공해서 제공하는 공식적인 거짓말들이 아직도 널리 횡행하고 있다. 이번 논의를 마치기 위해 마지막으로 1962년에 있었던 미사일 위기를 상기하고자 한다. 당시 흐루시초프는 쿠바에 은밀히 미

Pike, *Viet Cong*(Cambridge, Mass.: The M.I.T. Press, 1966). 그 밖에도 많은데, 이들 참고문헌 중 어떤 것은(가령 Pike의 경우) 증거와 결론을 세심하게 구별해서 읽어야 한다.

사일을 배치했는데, 그것도 말도 못하게 어리석은 짓이었다. 아마 미국의 공격용 무기가 압도적인 우위에 있었던 데 대한 대응이었던 모양인데, 미국 정부의 반응은 정말 놀라운 것이었다. 이때의 미사일 위기를 되돌아보면서, 로버트 케네디는 당시 미국의 대응책을 결정하는 데 관여한 열네 사람에 대해 다음과 같이 말했다.

그들은 영민하고 유능하며 헌신적이었으며, 모두 위대한 애국자들이었다. 아마 그 상황에서 우리가 찾아낼 수 있는 가장 똑똑한 사람들이었을 것이다. 그들 중 여섯 명이 미국 대통령이 되었다면 아마 이 세상이 뒤집어졌을 것이다.[75]

이들 열네 명은 흐루시초프가 쿠바에서 미사일을 철수해 위기를 종식시키겠노라고 제안했을 때 공식적인 반응을 보이지 않았다. 흐루시초프가 대신 미국도 터키와 이탈리아에 배치한 미사일을 철수할 것을 요구했기 때문이다(터키와 이탈리아의 미사일들은 노후하여 이미 대통령이 폐기 명령을 내린 상태였

---

75 암살되기 이틀 전에 한 인터뷰로 로버트 케네디의 *Thirteen Days*(13일간)에 대한 로널드 스틸(Ronald Steel)의 서평에 실려 있다. "Endgame", *New York Review of Books*, 1969년 3월 13일자, p. 22.

다). 소렌슨*의 회고록에 따르면, 미사일 위기 당시 케네디 대통령은 전쟁 개연성을 30퍼센트에서 50퍼센트 사이로 판단했다. 그러나 똑똑하고 유능한 열네 명은 미국만이 홀로 잠재적 적국의 국경에 미사일을 배치할 수 있는 권한이 있다는 원칙을 지키기 위해 핵전쟁의 개연성을 아주 높이 받아들이고 있었다. 당시 미 국방장관의 특별보좌관이었던 애덤 야몰린스키Adam Yarmolinsky는 다음과 같이 밝혔다.

국가안전보장회의 집행위원회는 병력, 폭격기, 군함 등을 다른 방식으로 사용하는 방안을 연구하는 데 시간의 90퍼센트 이상을 썼다. 직접적인 외교 협상을 통해 미사일을 철수시킬 가능성이 국방부 내부에서 어느 정도 주목을 받긴 했지만, 대통령이 그 방안을 고려한 것 같지는 않다.[76]

위기가 고조되었을 때, 우리는 비이성적인 판단을 할 수도 있다. (그렇게 생각한다 해도 별 위안이 되지는 않는다.) 그보다는 차분한 상황에서 그런 반응을 접했다고 생각해보자. 내 생각에

---

* Theodore Chalkin Sorensen(1928~2010). 미국의 변호사로서, J. F. 케네디 대통령의 측근이었다. 케네디 대통령의 연설문을 기초한 것으로 유명하다.

76 Yarmolinsky, "The Military Establishment", p. 91.

대부분의 논평가들은 역사학자 토머스 베일리(Thomas Andrew Bailey, 1902~1983)처럼, 미사일 위기 때가 "케네디에게 가장 빛나는 순간"이었으며 그가 "핵전쟁이라는 공멸의 게임을 냉정하고도 능란하게 다룸으로써 피그스 만의 오점*을 상당 부분 지워버렸다"는 데 동의한다.[77] 시카고대학교의 국제관계위원회 의장인 모턴 캐플런Morton Kaplan 교수도 마찬가지다.

쿠바 미사일 위기를 해결한 것은 존 F. 케네디의 빛나는 승리였다. 미사일 위기를 다룬 솜씨를 두고 그를 지긋지긋하게 비판하는 사람들은 머리와 가슴을 모두 검사해 보아야 한다.[78]

특히 캐플런은 케네디의 결정에 국내 정치 상황이 영향을 끼

---

* 1961년 4월 17일 미국 정부의 지원을 받은 반카스트로 쿠바인 약 1500명이 쿠바의 남서부 해안인 피그스 만을 침공했다가 실패한 사건.

77 "Johnson and Kennedy: The Two Thousand Days", *New York Times Magazine*, 1966년 11월 6일자, p. 139. 우연히도 베트남인들은 미국의 승리에 고마워할 이유가 별로 없다. 쿠퍼도 언급했다시피, 케네디의 극적인 승리는 외교 정책에 대한 그의 태도에 "더해진 자극"이 되었다. 이 때문에 케네디는 동남아시아에 더욱 관심을 가지게 되었고, "베트남은〔반폭동이라는〕새로운 독트린을 시험할 기회와 도전을 제공했다."

78 *Political Science Quarterly*, Vol. 85, No. 4(1970년 12월), pp. 654~656에 실린 *Thirteen Days*에 관한 서평.

첬다는 주장을 비난하는데, 그 스스로도 그럴 개연성이 있음을 인정한다.[79]

틀림없이 케네디는 다음 선거를 생각했을 것이다. 그는 정치가였고, 정권 통치상의 문제점들이 있었으며, 동기는 언제나 뒤섞여 있다.

로널드 스틸은 미사일 위기를 언급하면서, 실제로 벌어진 사건이 "우리의 생존이라는 실〔線〕이 얼마나 미약한 것인가"를 보여준다고 아주 정확하게 지적했다. 이러한 결론은 내가 인용한 문장들에서 대표적으로 볼 수 있는(내 생각에 진지한 견해에서

---

79 이를 뒷받침하는 증거는 같은 책에 대한 로널드 스틸의 서평에 잘 요약되어 있다(주 75 참조). 스틸은 로저 힐스먼(Roger Hilsman), 드와이트 아이젠하워, 시어도어 소렌슨, 존 케네스 갤브레이스 등의 말을 인용해 주장을 뒷받침한다. 캐플런은 나쁜 소식을 전달하는 사람을 탓하는 원리에 따라, 스틸이 이 같은 주장을 고안한 게 아니라 인용한 자료에서 끄집어낸 것임을 지적하지 않은 채 다만 《뉴욕 리뷰 오브 북스New York Review of Books》에서나 볼 만한 편집 증적인 성격을 띤" 주장이라고 평한다. 그러고 나서 캐플런은 위에 인용한 문장에, 케네디가 틀림없이 1962년 선거를 염두에 두고 있었다고 쓰는 모순을 범한다. 캐플런이 스틸과 다른 점은, 케네디의 정치적 이익과 국가 이익이 우연히도 일치했다고 믿는 것이다.
캐플런이 자신의 지도자를 폄하했다고 생각하는 사람과 캐플런을 동일한 인물로 볼 수 없기 때문에, 나는 그가 《뉴욕 리뷰 오브 북스》에 실린, 같은 책에 대한 스틸의 서평을 참고했다고 받아들일 수밖에 없다.

는 폭넓게 나타나는), 이후의 반응을 고려해본다면 더욱 타당하다. 같은 해에 미국 중앙정보국(CIA)이 후원한 라오스 군이 패배하자 케네디 정부가 핵무기 사용을 고려했을 것이라는 주장도 있다. 라오스 군에 대한 미국의 지원은 제네바 휴전협정 위반이었고, (아마 중국을 가리키는) 외세의 개입이라는 거짓 소문을 만들어냈다.[80] 이러한 예들은 핵전쟁 위협에 대한 러셀의 염려가 매우 합리적이었음을 보여준다.

물론 위협은 계속된다. '닉슨 독트린'이 핵의 문지방을 더욱 낮추는 구실을 하고 있다는 강력한 주장이 제기될 수 있다.[81] 베트남에서 닉슨 대통령은 '적군'에게 항복 외의 다른 방안을 제시하지 않았다. 그들이 남베트남 해방을 위한 투쟁을 계속하기로 한다면(닉슨의 관점에서는 남베트남을 정복하려 한다면) 그 대가는 엄청날 것이고,[82] 거기에는 전술적인 핵무기 사용도 포

---

80 Jonathan Mirsky and Stephen E. Stonefield, "The United States in Laos, 1945-1962", Edward Friedman and Mark Selden, eds., *America's Asia*(New York: Pantheon Books, 1971), pp. 253~323.

81 Earl C. Ravenal, "The Nixon Doctrine and Our Asian Commitments", *Foreign Affairs*, Vol. 49, No. 2(1971년 1월), pp. 201~217. 레비널(Ravenal)은 1967년부터 1969년까지 미 국방부의 아시아 담당(시스템 분석) 국장이었다. 다음 자료도 참고하라. Daniel Lang, "A Reporter at Large: The Supreme Option", *New Yorker*, 1971년 1월 9일, pp. 52~61.

82 최근의 논의로는 다음을 보라. Morton H. Halperin, "Vietnam: Options", *New York Times*, 1970년 11월 7일자(헬퍼린Halperin은 최근에 국가안보회의

함될지 모르며, 그 결과는 실로 예측 불가능하다. 버트런드 러셀이 그의 말년을 바쳐 싸웠던 두 가지 대의, 곧 핵전쟁 방지와 야만적인 베트남전쟁 종식은 결국 한 가지로 합쳐진다.

서구의 선진 산업사회를 자유주의적 사회주의와 같은 형태로, 근본적으로 변혁하기를 바랐던 러셀의 꿈은, 그가 1차 세계대전 당시에 수많은 글에서 그 꿈을 피력했을 때만큼이나 현실과는 거리가 멀다. 우리를 옥죄는 것은 혁명이 아니라 생존의 문제다. 최근에는 박해의 희생자들과 인류 자체의 생존이 문제가 되고 있다. 국가가 특권과 패권을 독점하기 위해 인류 전체의 파멸까지 무릅쓰고 있기 때문이다. 그것은 당연하고도 필연적인 일이다. 의심할 여지 없이 러셀은 말년에 군비 경쟁을 막

상임위원직에서 사퇴했다). Michael Malloy, "Vietnam: Prelude to Brute Force", *Far Eastern Economic Review*, 1970년 12월 26일자. 전술 핵무기 사용은 사이러스 설즈버거(Cyrus Sulzberger)가 논의했다. 《뉴욕타임스》, 1970년 11월 15일자. 최근에 열린 북대서양조약기구(NATO) 회의에서 터키의 국경선을 거론하며 산악 통행로와 침입로 차단에 핵지뢰가 유용함을 토의한 것은 그것이 동남아시아에 사용될 수도 있음을 암시한다(William Beecher, 《뉴욕타임스》, 1970년 10월 28일자). 통킹 만에서 작전을 수행하던 미 항공모함 오리스커니(Oriskany) 호의 승무원들은 보도진에게, 주요 강국들과 싸울 때는 사용하지 않을 것 같지만 인도차이나 폭격에는 정기적으로 사용하는 아음속(亞音速: 음속보다 느린) 소형 제트기 A-4 스카이호크에 전술 핵무기를 탑재하고 정기적인 훈련을 한다고 증언했다(Fred Branfman, Dispatch News Service International, Saigon, 1970년 12월 3일).

고, 서방 강국들이 동남아시아에서 전략 논리에 따라 끝장을 보려는 행태를 저지하는 데 온 힘을 쏟았다. 아시아와 동유럽을 비롯해 세계 곳곳에서 열강들의 약탈에 저항하는 것, 그리고 그들이 가하는 생존 위협을 물리치는 것, 이것이야말로 가장 시급

> 우리의 세계가 소유에 집착하거나 남의 것을 빼앗으려는 욕망이 아니라 무엇인가를 만들어가려는 욕구에 바탕을 둔, 창조 정신이 살아 있으며 삶이 희망차고 즐거운 모험이 되는 세상으로 탈바꿈할 수 있다는 희망을 잊거나 포기한다면 이는 비극이 아닐 수 없다.

한 당면 과제다. 우리의 세계가 "소유에 집착하거나 남의 것을 빼앗으려는 욕망이 아니라 무엇인가를 만들어가려는 욕구에 바탕을 둔, 창조 정신이 살아 있으며 삶이 희망차고 즐거운 모험이 되는 세상"으로 탈바꿈할 수 있다는 희망을, 서구 선진 사회에 태어나는 행운을 누린 사람들이 잊거나 포기한다면 이는 비극이 아닐 수 없다. 앞에서 이미 우리가 추구해야 할 세계상으로서 러셀이 꿈꾼 것을 인용한 바 있다. 그 글의 결론을 덧붙임으로써 이 글을 맺고자 한다.

우리가 살고 있는 이 세계에는 또 다른 목표도 있습니다. 그러나 그것은 지나가 버리고, 그 자체의 뜨거운 열정에 타 없어

질 것입니다. 타고 난 재로부터 새로운 어린 세계가 태어나, 눈 부신 아침 햇살을 받으며 신선한 희망으로 가득 찰 것입니다.

옮긴이 해제

1. 이 책의 이력

어떤 사상가의 저서를 이해하기 위해서는 당연한 말이지만 해당 저서의 텍스트를 온전하게 파악해야 한다. 그런데 텍스트의 이력이 텍스트 못지않게 많은 것을 시사하는 경우도 있다. 지금은 고전으로 인정받는 많은 책들이 당대에는, 또는 특정 지역에서는 소위 권력자들에 의해 불온서적으로 낙인찍힌 채 몰래 회자되기도 했다. 얼핏 떠오르는 명저만 해도 마키아벨리의 《군주론》, 존 스튜어트 밀의 《자유론》, 조지 오웰의 《1984》, 마르크스의 《자본론》 등이 있고, 불과 얼마 전에도 이 땅에서 장하준의 《착한 사마리아인》이 군인들이 보아서는 안 되는 불온서적으로 분류되기도 했다. 불온서적으로 찍힌(?) 책이 이후에 훨씬 더 강력한 생명력을 발휘하면서 독자들을 끌어들이고, 마침내 고전의 반열에 오르는 영광을 맞이하는 경우를 우리는 많이 보아왔다.

노엄 촘스키의 많은 저서는 명시적으로 혹은 암묵적으로 불온서적 취급을 받아왔다. 더 심각한 것은 주류 미디어 세계에 글을 발표하는 일 자체를 차단당했다는 것이다. 노엄 촘스키라는 이름이 《뉴욕타임스》와 같은, 소위 진보를 표방한 거대 매체로부터 점점 외면당하고, 곳곳의 작은 출판사들을 통해 목소리를 내는 과정을 보면 두 가지 사실을 알게 된다. 하나는 주류 매체의 철저한 언론 통제와 여론 조작이고, 다른 하나는 풀뿌리 대중매체의 형성과 확산이다. 두 가지는 상호 연관된 것이기도 하지만, 하여튼 노엄 촘스키의 많은 저서는 초기부터 지금까지 두 가지 사실을 여실히 보여준다는 점에서 자못 흥미롭다고도 할 수 있다.

《촘스키, 러셀을 말하다》 역시 매우 흥미로운 이력이 있는 저서다. 이 책은 단순하게 말하자면 정확하게 40년 전인 1971년 초 노엄 촘스키가 케임브리지대학교 트리니티 칼리지에서 두 차례 했던 '러셀 강연'을 묶은 것이다. 40년 전의 책이라면 일반 학술서나 과학서일 경우 상당히 오래된 책이라고 할 수 있을 것이다. 이 책의 내용은 같은 해에 영국의 《케임브리지 리뷰》에 맨 처음 실렸고, 다시 미국의 세계적인 거대 출판 그룹인 랜덤하우스의 자회사인 판테온 북스에서 출간되었다. 그러나 그 후 30여 년이 지난 2003년에는 뉴욕에 있는 뉴프레스에서 재간된다.

뉴프레스는 어떤 출판사인가? 전 세계의 출판 시장을 장악하고 있는 거대 출판 자본들의 횡포에 맞서서 공익적인 출판문화를 만들기 위해 1990년에 설립된 작은 출판사로, 이윤이 남지 않지만 공동체에 가치 있는 교육, 문화, 공공의 선에 관한 책들을 출판하고 있다.

에두아르도 갈레아노가 쓴 추천사의 제목은 마법을 부를 때 사용하는 주문이다. 아브라카다브라! 첫 문장이 매우 힘차다.

미국의 거대 매체들이 실제로는 스스로 생각하는 것만큼 전지전능하지 않다는 증거가 여기 있다. 그들에 따르면 노암 촘스키는 존재하지 않는다. 그렇다면 촘스키의 귀신이 전 세계에 지대한 영향력을 발휘하고 있는 셈인가? 그의 목소리를 억누르려는 각종 검열 장치가 작동하고 있음에도 그의 목소리는 그의 나라 미국의 젊은이들에게 널리 전파되고 있다.

촘스키의 전 세계적 영향력을 보여주듯이 에두아르도 갈레아노는 우루과이의 몬테비데오에서 이 추천사를 썼다. 우루과이의 몬테비데오에서 캐나다의 몬트리올까지 남북미 대륙 전체, 인도와 팔레스타인과 영국을 망라하는 유라시아 전역, 그리고 아프리카와 호주에서 촘스키의 목소리에 귀 기울이는 수많은 청년과 지식인들이 있음을 우리는 알고 있다. 갈레아노가 역설하다시피, 촘스키는 표현의 자유를 신봉했다는 죄목으로 주류 매체에게 이단으로 단죄되었다. 그의 대표적 언론 해부서인 《여론조작》을 보면 '객관적으로 사실을 보도한다'는 언론의 주장은 허구적인 신화일 뿐임을 알 수 있다. 촘스키야말로 바로 그 언론의 희생자이자 언론에 맞서 목소리를 높이는 전사다.

1970년대 이후 우리는 뉴프레스와 같은 비영리 소규모 출판사에서만 촘스키의 저서를 접할 수 있게 되었다. 물론 그가 재직하는 MIT 출판부에서는 당연히 그의 언어학 저서들이 출판되고 있다. 언어학자 촘스키와 사회평론가 촘스키는 너무나 다른 대우를 받고 있기 때문에, 우리는 이를 구별해서 생각해야 한다. 언어학과 정치가 어떻게 연결되는지, 혹은 연결되지 않는지에 대해서 촘스키 스스로가 여러 번 질문을 받았고; 양자 사이에 필연적인 관계가 있는 것은 아니라고 말한 적도 있지만, 하여튼 그의 미국 비판은 철저하게 주류 매체로부터 차단당하고 있다.

그러므로 이 책을 읽는 독자들은 우선 이 책의 이력에 대해, 그리고 촘스키와 거대 언론 매체의 관계에 대해 어느 정도 이해할 필요가 있다. 40년 전에 출판되었던 책을 지금 구태여 다시 읽어야 하는 이유가 바로 이 책의 이력과 맞닿기 때문이다.

2. 촘스키는 누구인가

이제 촘스키의 책을 처음 읽는 독자들을 위해 그가 누구인지 간략하게 살펴보자.

일찍이 미국의 유력 신문인 《시카고트리뷴》은 촘스키가 인류 역사상 가장 자주 인용되는 여덟 번째 인물이라고 평가했고, 《뉴욕타임스》는 그를 '생존하는 가장 중요한 지식인'이라 불렀다. 논문의 세계적 명성과 평판을 가름하는 잣대로 흔히 사용되는 인문 및 예술 논문인용지수(Arts & Humanities Citation Index: A&HCI)에 따르면 1980년부터 1992년까지 세계 유수의 학술지에 촘스키의 논저가 인용된 횟수는 4000여 회를 기록했을 뿐 아니라, 과학 논문인용지수(Science Citation Index: SCI)에서도 1974년부터 1992년까지 1619회나 인용된 것으로 나타났다. 살아 있는 과학자나 사상가 중에서 이 정도 지수를 가지고 있는 사람은 없다는 점에서 촘스키의 지명도를 추측해볼 수 있다. 게다가 이들 통계 수치는 촘스키가 주 연구 분야인 인문학에서뿐 아니라 과학 분야에서도 독보적인 지위를 차지하고 있음을 알려준다.

그 자신은 별로 개의치도 않고 특별한 의미를 두지도 않지만, 1984년에 미국심리학회로부터 특별과학공로상을 수상했고, 1988년에는 기초과학에 대한 공헌으로 일본판 노벨상이라 할 교토상을 수상했으며, 특히 제3세계의 수많은 대학에서 명예

학위를 받았고 강연을 했다. 그는 지금까지 논문을 약 천여 편 발표했고, 저서는 100권이 넘는다. 언어학과 철학 등 순수 학문 분야의 저서뿐 아니라 정치 및 사회 비평서도 많다.

촘스키가 늘 강조하다시피 외부의 평가가 중요한 것은 아니다. 그가 특히 경고했듯이 도표와 수식, 통계 수치 등에는 사람들을 현혹할 위험성이 내포되어 있기 때문에, 수치를 해석할 때 선택적이고 주도면밀한 접근법이 필요하다. 한국에서도 방영된 적이 있는 다큐멘터리 〈대중 매체와 여론 조작Manufacturing Consent—노엄 촘스키와 언론매체(1992)〉에서 그는 앞에서 언급한, 자신에 대한 《뉴욕타임스》의 평가를 인용하면서 그 바로 앞에 "논란의 소지가 있지만arguably"이란 단서가 달려 있음을 지적한다("Noam Chomsky is arguably the most important intellectual alive."). 그렇다 하더라도 한 가지 사실은 분명하다. 촘스키는 여러 세대에 걸쳐서 만나기 어려운, 세계적 석학이자 현대의 대사상가라는 사실이다.

아브람 노엄 촘스키Avram Noam Chomsky는 미국 펜실베이니아 주의 필라델피아에서 1928년 12월 7일에 유대계 러시아인 이민자의 아들로 태어났다. 아버지는 저명한 히브리어 학자였고, 어머니와 외가 쪽은 정치의식이 매우 높을 뿐 아니라 사회주의는 물론 마르크스레닌주의에 경도돼 있는 진보적인 집안이었다. 유년 시절에 촘스키는 미국의 진보적 교육 사상가인 존

듀이John Dewey의 교육 방침을 따르는, 실험적이고 진보적인 오크레인 (컨트리) 데이 초등학교를 다니면서 자유분방하고 창의적인 학창 시절을 보냈다. 촘스키 자신이 여러 기회에 언급했다시피, 초등학교를 마치고 필라델피아 센트럴 하이스쿨에 진학했을 때, 그는 학업에 대한 흥미를 잃게 된다. 왜냐하면 이 학교는 다른 정규 학교들과 마찬가지로 매우 경쟁적이고, 대학 진학을 최우선 목표로 삼는 억압적인 곳이었기 때문이다. 그는 마치 질식할 것 같은 학교 분위기로 인해 매우 불행했다고 술회한다. 먼 후의 일이지만, 그는 이후 평생을 봉직하게 되는 매사추세츠공과대학교(Massachusetts Institute of Technology: MIT)의 학풍이 바로 오크레인 데이 초등학교처럼 창조적 사고를 권장하고 권위에 도전하는 것을 허용하며 자유롭다고 평가했다.

촘스키는 10여 년 전 필자와 대담하면서(《신동아》 2000년 3월호) 밝힌 바 있듯이, 교육의 역할이란 무엇을 가르치거나 계도하려는 것이어서는 안 되고, 오크레인 데이 초등학교처럼 학생들의 왕성한 지적 호기심을 북돋우는 데 그쳐야 한다고 주장하며 루소-듀이로 이어지는 자유주의 교육 철학자의 면모를 보여준다.

촘스키가 어려서부터 학문에 관심을 보여왔음을 알려주는 여러 가지 일화가 있다. 어느 날 아버지의 친구가 집을 방문하여 촘스키의 방을 구경하게 되었다. 방 안에 여러 권으로 된 백과사전이 있는 것을 우연히 발견한 그가 일곱 살밖에 안 된 촘스키에게 백과사전을 얼마나 읽었느냐고 질문하자, 그는 아주 진지한 태도로 아직 반밖에 읽지 못했다고 대답했다 한다. 아버지가 저명한 히브리어 학자였던 것도 영향을 미치기는 했겠지만 촘스키의 타고난 지적 호기심이 얼마나 강렬했던가를 잘 보여주는 일화다.

촘스키는 펜실베이니아대학교에 진학한 후 대학의 면학 분위기가 센트럴 하이스쿨과 마찬가지로 억압적인 데 실망하여 한때는 심각하게 중퇴를 고민한다. 그때 아버지가 지인이기도 한 언어학자 젤리그 해리스(Zellig Sabbettai Harris, 1909~1992)에게 부탁하여 젊은 촘스키의 마음을 다잡아주는 역할을 했는데, 결국 해리스의 영향으로 촘스키는 언어학의 세계에 발을 들여놓게 된다. 촘스키가 창시한 변형문법이라는 것도 용어 자체는 해리스가 처음으로 고안한 것이다. 촘스키 자신은 후에, 언어학자인 해리스의 학문 때문이라기보다는 그의 정치적 견해에 동조해서 학교에 계속 남아 있게 되었다고 술회한 적이 있다. 비록 학부생에 불과했지만, 그는 해리스 교수의 소개와 격려로 철학자 넬슨 굿맨(Henry Nelson Goodman, 1906~1998), 수학자 네이선 파인(Nathan Jacob Fine, 1916~1994)과 같은 당대의 대가들이 강의하는 대학원 수업을 청강하며 언어학에 대한 관심도 계속 유지한다. 그의 석사학위 논문이 히브리어의 음운 현상에 관한 것이었다는 사실은 그의 가족적 배경에도 이유가 있겠지만, 당시 펜실베이니아대학교에 해리스와 같은 뛰어난 언어학자가 많았기 때문일 것이다.

대학 졸업 후 촘스키는 하버드대학교의 특별연구원Harvard Society of Fellows으로 있으면서, 펜실베이니아대학교의 특별 배려로, 저서를 출판할 목적으로 준비 중이던 방대한 논문의 일부를 제출하고 박사학위를 받는다.

하버드대학교의 특별연구원은 당시로서는 매우 독특한 제도였다. 1933년 당시의 총장이었던 로웰이 발의하여 시작된 이 제도는 다양한 분야의 젊은 학자들에게 조교수 수준의 연구비를 지원하면서, 유일한 의무라고는 한 달에 한 번 함께 식사하는 것밖에 없는 파격적인 조건이었다. 통섭이야말로 창조성의 근원이라는 믿음이 로웰 총장으로 하여금 이러한 제도를 만들게 한 것이다.

촘스키는 나이 스물일곱에 MIT의 전임강사가 되고 서른세 살에 정교수가 되었으며, 서른여덟에 석좌교수가 되었다. 그리고 아주 드문 경우로 마흔여덟 살에 인스티튜트 프로페서(Institute Professor: 독립적인 학문기관으로 대우하는 교수)가 되어 현재까지 언어·철학과에 재직하고 있다.

촘스키는 1957년에 발표한 《통사구조Syntactic Structures》를 통해 이미 언어학의 혁명이라 불리는 독창적인 언어 이론을 제시하고, 1959년에는 당시 심리학과 언어학을 지배하고 있던 행동주의 발달심리학자 스키너의 《언어행동Verbal Behavior》을 비판하는 서평을 발표하여 행동주의의 아성을 일거에 허물어뜨림으로써 언어학 분야에서 지명도를 높여가고 있었다. 그러나 이 무렵 미국에서는 베트남전 반대 운동과 흑인 인권 운동 등 국내외의 사회적 문제들이 한꺼번에 폭발하던 시기였다. 촘스키는 원하기만 하면 촉망받는 언어학자이자 대학교수로서 안락한 소시민적 삶을 영위할 수 있었다. 그러나 그는 양심의 지시에 따라 지식인의 책무를 묻는 도덕적 선택의 기로에 서게 된다.

그는 어쩌면 자신을 감옥으로 끌어들일지도 모르는 길을 선택한다. 베트남전에 대해 강력한 저항 운동을 전개하는 한편, 1967년 〈지식인의 책무The Responsibility of Intellectuals〉라는 글을 《뉴욕 리뷰 오브 북스The New York Review of Books》에 기고한다. 촘스키를 일약 전 세계적인 반베트남전 평화운동의 아이돌로 자리매김한 이 글에서, 그는 지식인이라면 정부의 거짓말을 사람들에게 알려야 한다고 주장한다.

1967년 10월 촘스키는 미 국방부와 법무부 앞에서 진행된 반전 시위에 참가해 많은 사람들과 함께 투옥되었다. 이때 촘스키와 한 방에 투옥되었던, 미국을 대표하는 저명한 소설가 노먼 메일러(Norman Mailer, 1923~2007)는 촘스키가 갸름한 얼굴에 날카로운 인상과 고행자의 표정을 지녔으며, 부드럽지만 절대적인 도덕성을 가진 사람이라고 묘사했다.

한편으로 이 무렵에도 촘스키는《통사 이론의 양상*Aspects of the Theory of Syntax*(1965)》,《데카르트 언어학*Cartesian Linguistics*(1966)》,《언어와 정신*Language and Mind*(1968)》,《생성 문법상의 의미론 연구*Studies on Semantics in Generative Grammar*(1972)》등 연구 저서를 꾸준히 출간하면서, 변형생성문법이라는 새로운 언어 이론을 전 세계의 언어 분석 틀로 확립하는 데 성공한다. 언어학 혁명을 진행하면서 동시에 반전평화운동의 선두에 섰던 것이다.

촘스키는 이후에도 끊임없이 미국의 개입주의적 대외 정책에 신랄한 비판을 가했고 베트남과 니카라과를 방문하기도 했다. 자신이 봉직하고 있는 MIT가 미 국방부의 연구비를 받으면서 결과적으로 미국의 억압적인 대외 정책 수행에 일조하는 데 대해서도 강력하게 비판한다. 또한 미국의 주류 언론의 이중성을 끊임없이 파헤치고 공격한 대가로 그는《뉴욕타임스》를 비롯한 주류 언론으로부터 철저하게 외면당하기에 이른다. 1990년대 초 걸프전에서 드러난 강대국들의 제국주의적 행태와 석유 이권을 비롯한 추악한 사리사욕 챙기기를 비판한 데 이어 코소보, 동티모르 등에서 벌어진 인권 유린을 고발하고, 최근에는 투기성 유동 자금의 폐해를 비롯한 신자유주의의 위험성에 대해 누구 못지않게 강력하고도 끈질기게 경고하고 있다.

3. 촘스키 언어학

《촘스키, 러셀을 말하다》는 언어학과 정치사상을 함께 묶었다는 점에서 어떤 면에서는 특이한 책이라 할 수 있지만, 한편으로는 일관되게 촘스키다운 모습을 보인다고도 할 수 있다. 앞에서도 언급했다시피, 100권이 넘는 그의 저서들은 대략 언어학과 정치비평으로 양분할 수 있기 때문이다. 우리나라에 번역된 책도 꽤 많은데, 최근에 번역된 사회평론서만 일별하면《촘스키와 아슈카르, 중동을 이야기하다(사계절, 2009)》,《촘스키, 우리가 모르는 미국 그리고 세계(시대의창, 2008)》,《숙명의 트라이앵글(이후, 2008)》,《촘스키, 실패한 국가, 미국을 말하다(황금나침반, 2007)》,《미국이 진정으로 원하는 것(한울, 2007)》,《촘스키의 아나키즘(해토, 2007)》,《정복은 계속된다(이후, 2007)》,《촘스키, 우리의 미래를 말하다(황금나침반, 2006)》,《촘스키, 미래의 정부를 말하다(모색, 2006)》,《여론조작(에코리브르, 2006)》,《지식인의 책무(황소걸음, 2005)》,《중동의 평화에 중동은 없다(북폴리오, 2005)》,《촘스키, 세상의 물음에 답하다(시대의창, 2005)》,《촘스키, 세상의 권력을 말하다(시대의창, 2004)》,《해적과 제왕(황소걸음, 2004)》,《환상을 만드는 언론(두레, 2004)》,《권력과 테러(양철북, 2003)》,《전쟁에 반대한다(산해, 2003)》,《촘스키, 누가 무엇으로 세상을 지배하는가(시대의창, 2002)》,《프로파간다와 여론(아침

이슬, 2002)》, 《촘스키, 9-11(김영사, 2001)》, 《실패한 교육과 거짓말(아침이슬, 2001)》, 《불량 국가(두레, 2001)》, 《전쟁이 끝난 후(이후, 2000)》 등이 있고, 《촘스키와 푸코, 인간의 본성을 말하다(시대의창, 2010)》와 《촘스키, 사상의 향연(시대의창, 2007)》은 언어학과 교육, 정치사상을 같이 다루었으며, 언어학 저서로는 《최소주의 언어이론》(한국문화사, 2001)이 있다.

이 책의 전반부는 언어에 관한 것이고, 후반부는 자유의 문제 혹은 어떻게 더 좋은 세상을 만들 것인가 하는 문제를 다룬 것이다. 따라서 먼저 세상을 어떻게 이해할 것인가, 곧 '세상에 대한 인식과 해석'의 문제를 다룬 전반부를 논의하기 위한 토대로서 촘스키의 학문에 대해 알아보자. 오늘날 학계에서나 사상계에서 촘스키가 차지하는 위치는 언어학계에서만이 아니라 학문의 역사를 통틀어 보아도 유례가 드물다는 점을 이미 앞에서 통계와 각종 기록을 통해 제시했다.

앞에서도 언급했다시피 그의 언어 이론을 정초한 첫 저서는 1957년에 출판된 《통사구조Syntactic Structures》이지만, 이 책이 출간되기 앞서 촘스키 언어학의 정수를 총망라한 것은 〈언어 이론의 논리 구조The Logical Structure of Linguistic Theory(1955)〉라는 논문이었다. 이 논문은 그가 박사학위 청구를 위해 펜실베이니아대학에 제출한 논문을 포함한 방대한 것으로서, 당시 MIT 출판부는 정식 출판에 앞서 먼저 학술지에 발표되어야 한다는 다소 비논리적인 이유로 출판을 거절했다. 그러다가 언어학자로서 촘스키의 명성이 이미 세계적으로 확고해진 뒤인 1975년에 가서야 뉴욕의 플레넘 출판사Plenum Press에서 처음으로 출간되었고, 후에 저명한 언어학 출판사인 네덜란드의 무톤 출판사Mouton de Gruyter에서 다시 출간된 기이한 사연이 있다. 하여튼 《통사구조》에 제시된 변형생성문법transformational-generative grammar이라는 긴 이름의 이론이 여러 차례 수정과 발전을 거듭하여 오늘날에는 '최소주의 프로그램Minimalist Program'이라는 명칭으로 불린다. 1995년 MIT 출판부에서 나온 《최소주의 언어 이론*The Minimalist Program*》은 촘스키 언어학의 정리판으로서, 이후에는 그에 버금가는 결정판이 나오지 않고 있다는 점에서 어쩌면 촘스키 언어학의 결정판이 될지도 모른다.

촘스키 언어학이 현대언어학의 주류라는 말은 언어학자들 모두, 혹은 대부분이 그의 언어학 이론을 받아들인다는 뜻이 아니다. 그러나 적어도 특정한 문제에 관해 자신의 입장을 밝히고자 할 때, 언어학자들은 그에 관한 촘스키의 견해를 거론하며 자신의 견해와 관련짓는다. 1969년 촘스키가 옥스퍼드대학교에서 언어와 정신의 철학에 대해 강연했을 때 천여 명이 넘는 학생과 교수들이 몰려와 경청했다는 사실은, 촘스키가 제시한 변형생성문법이라는 특정한 이론언어학의 일천한 역사를 생각할 때 아주 놀라운 현상이다.

인간을 호모 사피엔스(생각하는 인간)라고 하지만, 만물의 영장이라는 인간을 다른 동물과 구분하는 가장 뚜렷한 특성은 사고 능력이나 지능이 아니라 언어 능력이라고 할 수 있다. 철학자와 심리학자들은 '사고思考'라는 것이 말이나 글로써 구체화되지 않고서도 가능한가에 대해 오랫동안 논쟁해왔다. 이 문제에 대한 답이 무엇이든 간에, 언어는 인간 활동의 모든 면에서 극히 중요하고, 언어가 없다면 초보적인 차원을 넘어서는 의사소통은 불가능하다는 점이 명백하다. 이러한 의미에서 언어 연구가 인간의 본성을 이해하는 데, 그리고 인간 이해를 목표로 삼는 심리학과 철학 연구에 어떠한 기여를 할 수 있는지는 자명하다. 오늘날 언어학이란 학문이 자체의 가치를 지닐 뿐 아니라 인간의 본성을 연구하는 심리학이나 철학 등 여타 관련 학문 분야에 기여하기 위해서도 연구할 가치가 충분한 학문이라는 인식이 널리 퍼져 있다면, 그것은 바로 촘스키의 공로라 해도 지나치지 않을 것이다.

인간 본성을 연구하는 데 언어 연구가 중요한 까닭은, 언어가 인간과 동물을 구별하는 유일한 요소는 아니겠지만 독특한 요소이기 때문이라고 했다. 언어란 과연 무엇인가? 모든 문제는 바로 이 질문에서 시작되어야 한다. 촘스키 전에는 소쉬르가, 그 전에는 또 훔볼트, 플라톤 등이 이러한 질문을 제기하고 그에 대한 답을 제시했다. 촘스키를 필두로 하는 현대이론언어학의 목적도 '언어란 무엇인가?'라는 물음에 과학적인 답을 제시하고, 그렇게 함으로써 철학자와 심리학자들이 언어와 사고의 관계를 논하는 데 근거를 제공하는 것이다.

촘스키의 변형생성문법은 이러한 목적에 맞게 언어의 두드러진 특징 몇 가지를 수학적으로 명시적이고 정확하게 기술하기 위해 개발되었다. 최근에는 뇌신경과학 분야에서도 같은 질문에 답을 제시하려는 노력이 이루어지고 있다. 2000년대에 들어서는 하버드대학교 심리학과의 스티븐 핑커Steven Pinker를 필두로 한 일군의 학자들을 중심으로 언어의 생물학적, 뇌신경학적 근거를 밝히려는 연구가 왕성하게 이루어지고 있고, 촘스키 역시 언어학자로서는 이례적으로 이 문제에 관해《사이언스 Science》같은 과학 저널에 논문을 발표하곤 했다.

먼저 촘스키 언어학의 특성을 간략하게 살펴보자. 이 책의 전반부를 차지하는 언어학 부분은 바로 촘스키 이론의 초창기 모델 일부에 해당한다. 초기 모델을 지칭하는 변형생성문법을 비롯해 1980년대 이후 포괄적으로 생성문법이라 불리는 촘스키의 언어학은 언어에 관한 어린아이의 능력, 곧 어린아이가 스스로 접할 수 있는 제한적인 언어 환경에서 구조적 규칙성(곧 문법 규칙)을 발견해내고, 이 규칙들을 이용해서 전에 한 번도 들어본 적이 없는 새로운 문장을 만들어내는 능력을 과학적으로 규명하는 것을 목표로 삼아왔다.

촘스키는 특정 언어, 이를테면 영어, 한국어, 중국어, 스와힐리어 같은 자연 언어에서 문법 규칙을 정하는 일반 원리는 놀라울 정도로 서로 유사하다는 주장을 제시하면서, 한 걸음 더 나아가 이러한 원리들은 매우 특수하고 뚜렷하므로 생물학적으로 결정되는 것이라 판단하지 않을 수 없다고 했다. 다시 말해 이들 원리는 인간 본성의 일부로서 어쩌면 유전자에 의해 결정되는 생물학적 현상이며, 그렇기 때문에 부모로부터 자식에게 유전적으로 전달된다는 것이다. 인간의 언어 능력을 설명하고자 하는 철학자나 심리학자는 물론 생물학자에게도 촘스키의 생성문법을 이해하는 것이 필수적인 이유가 여기 있다. 촘스키는 2002년에 〈언어 능력: 그것이 무엇이며, 누가 가지며, 어떻게 진화했는가The Faculty of Language: What Is It, Who Has It, and How Did It Evolve?〉라는 논문을 하우저, 피치와 함께 《사이언스》에 게재하기도 했다. 촘스키의 입장은 1990년대 이후 더욱 강력해져서 언어학의 성공 여부는 이제 생물학에 달려 있다고 말하는 사람들도 있다. 일부에서는 한 걸음 더 나아가, 촘스키 언어학을 생물언어학biolinguistics이라는 명칭으로 부르기도 한다.

촘스키의 언어학과 그것이 심리학이나 철학, 인지과학 등 인접 학문에 끼치는 영향에 대해 우리가 알아볼 필요 혹은 가치가 있는 까닭은 바로 이것이다. 촘스키의 주장을 거부하거나 받아들이는 것은 각자의 자유이거나 취향이지만, 적어도 그의 주장을 무시할 수는 없다.

촘스키 언어학의 태동을 설명하려면 무엇보다도 《통사구조》가 출간되던 전후 시기에 지성계를 휩쓸었던 블룸필드 학파의 미국 구조주의 언어학 전통, 스키너를 필두로 견고한 성을 쌓고 있던 행동주의 심리학 전통부터 이야기해야 할 것 같다.

언어학을 자율적이고 독립적인 학문 분과로 확립하는 데 블룸필드(Leonard Bloomfield, 1887~1949)가 누구보다도 많은 공헌을 한 것은 사실이지만, 그는 자신의 기념비적 저서인 《언어 Language》(1933)를 쓸 당시, 왓슨(John Broadus Watson, 1878~1958) 등이 주창한 행동주의 심리학을 언어 기술記述의 틀로서 채택한다는 점을 분명하게 밝혔다. 블룸필드 언어학의 맹점은 구조주의 언어학의 일반적 맹점과 크게 다르지 않다. 곧 언어학의 목표를, 현장 조사field research를 통해 자료를 수집한 후 적정한 문법을 발견하는 발견 절차discovery procedure로 간주하고, 직접 관찰할 수 없거나 물리적으로 측정할 수 없는 모든 언어 자료를 의도적으로 배제하는 것이다. 이러한 접근법이야말로 구조주의 언어학과 경험주의가 만나는 지점이기도 하다.

여기서 지적해야 할 점은 언어 연구 대상에 대한 개념 정립이다. 블룸필드를 포함한 미국의 구조주의 언어학자들은 현장 조사를 통해서 언제 사라질지 모르는, 그리고 연구자들이 전에

듣거나 배우지 않은 아메리카원주민 언어들을 과학적으로 정교하게 기술하는 것을 목표로 삼았다. 이러한 연구 방법은 연구 자체가 목적이라기보다 차후에 실행될 연구를 위한 자료를 축적하는 의미가 있을 뿐이라고 촘스키는 지적한다. 이들의 언어학은 주어진 언어 자료에만 입각하여 그 언어의 옳은 문법을 자동적으로 발견하는 '발견 절차'에 관심을 기울였다.

이러한 연구 방법의 부수적 결과로 나타난 것이 인간 언어의 다양성에 대한 인식이다. 보아스(Franz Boas, 1858~1942, 독일 태생 미국의 인류학자)가 언급했다시피 (이들 서구의 학자들에게 친숙한) 유럽 언어들의 문법만을 두고 생각했을 경우보다 인간의 언어에서 발견되는 다양성의 폭은 훨씬 더 크다는 것이다. 곧 학자들은 다양한 자연 언어들 사이에서 발견되는 유사성보다는 차별성과 다양성에 더 많은 관심을 기울이게 되었다. 보아스와 같은 구조주의 학자들은 결론적으로, 언어는 제각기 독특한 문법 구조를 가지고 있으므로 각 언어에 맞는 기술 범주descriptive category, 곧 그 언어가 실제로 사용되는 현황을 정확하게 파악해서 설명할 수 있는 방법을 찾는 것이 언어학자의 과제라는 견해를 가지고 있었다.

이에 대해 촘스키는 언어학자의 임무란 실제 발화發話된 언어 자료를 언어 기술의 대상으로 삼는 것이 아니라, 그러한 발화 자료가 생성되게 하는 일련의 규칙 체계를 찾아내는 것이라고 주장했다. 그는 그러한 규칙 체계를 언어 능력linguistic competence이라 하여, 실제 발화 자료(사람들이 실제로 하는 말)인 언어 수행linguistic performance과 구별했다. 이러한 개념 구분은 후에 각각 I언어Internal language와 E언어External language로 대치되는데, I언어는 정신 언어, E언어는 물리적 언어라고도 볼 수 있다. 이러한 이분법적 개념 구분은 스위스의 언어학자 소쉬르 (Ferdinand de Saussure, 1857~1913)가 제안한, 랑그langue(각 개인의 머릿속에 저장된 사회 관습적인 언어 체계)와 파롤parole(특정한 개인이 특정한 장소에서 실제로 발음하는 언어) 개념에 대략 대응하는 것으로 받아들여진다. 〔존 라이온스(1997)는 촘스키의 언어 능력과 언어 수행 구분은 소쉬르의 랑그와 파롤에 직접 대응하는 개념이 아니고, 실은 언어 체계, 발화 행위, 텍스트라는 세 가지 구분을 포함한다고 지적한다.〕

촘스키가 언어 연구의 대상으로 언어 수행보다 언어 능력을 강조하게 된 데는 몇 가지 이유가 있다. 언어 수행은 기억의 상실, 기분 상태 등 다양한 외부 요인의 영향을 받기 때문에 언어의 본질을 드러내는 데 많은 제약이 따른다는 점이 한 가지 이유다. 이에 반해 언어 능력이야말로 해당 언어의 화자가 구사하는 언어의 모든 문법적 문장, 그리고 오직 문법적인 문장들만을 생성해내는 규칙들의 집합이므로 이러한 규칙 체계를 규명하는 것이 언어의 본질을 밝히는 첩경이다. 그러나 언어 능력 탐구는 여타 자연과학과는 달리 어쩔 수 없이 간접적인 방법으로, 곧 모국어 화자의 발화 자료를 근거로 해서 이루어질 수밖에 없다는 한계가 있다. 이때 발화 자료로는 동질적인 언어 사회의 이상화된 화자와 청자를 상정해야 한다고 촘스키는 주장한다. 이러한 개념은 촘스키 학파의 반대편에 있는 많은 학자들에게 격한 논란을 불러일으키기도 했다.

촘스키가 혹독한 비판의 대상으로 삼은 것은 스키너(Burrhus Frederic Skinner, 1904~1990)의 행동주의 혹은 경험주의 심리학이었다. 대표적 저서인 《언어행동 *Verbal behavior*(1957)》을 통해 제시된 스키너의 주장은, 동물의 행동을 예측하고 통제하는 데 사용하는 것과 똑같은 외부 절차(자극, 반응, 강화 등)를 통해 인간의 행동, 특히 언어행동을 설명하고 통제할 수 있다는 것이다. 그러나 촘스키가 볼 때 이러한 주장은 인간 행동의 근본적인 특성인 창조성을 전면적으로 부인하는 것이었다. 다시 말해 인간이나 동물이나 똑같이 외부의 자극, 반응, 강화 등을 경험하면서 언어를 습득한다면 행동주의 심리학에서는 인간과 동물의 차이를 인정하지 않는 셈인데, 언어는 오히려 양자를 구별해주는 가장 뚜렷한 특성이므로 이는 어불성설인 것이었다.

1959년 서른한 살인 촘스키는 미국언어학회지인 《언어 *Language*(35호)》에 기고한 서평에서, 아성으로만 여겨졌던 행동주의 심리학을 일거에 무너뜨린다. 촘스키의 주장에 따르면, 스키너의 학설은 어린아이도 생전 처음 듣는 다양한 문장을 생성하고 이해할 수 있게 하는 인간의 창조성을 설명하지 못한다. 누구나 쉽게 알 수 있듯이, 어린아이는 두세 살만 되어도 자신이 접하는 언어를 거의 완벽하게 구사할 수 있다. 이러한 창조성을 설명하려면 인간의 두뇌에 유전적으로 내장된 언어 습득 장치(Language Acquisition Device: LAD)가 있다고 상정할 수밖에 없다는 것이다.

촘스키는 행동주의 심리학에서 사용하는 자극, 반응, 조건화, 강화 같은 용어들이 정밀하기는 하나 실제로 언어에 적용하기에는 너무 모호하여 어느 것에나 통용될 수 있고, 따라서 경험적 내용을 전혀 갖지 못한다고 지적한다. 그리고 명백한 반응이 없는 경우 행동주의자들은 관측된 적도 없고 관측할 수도 없는 이른바 '반응 경향'이라는 용어 속으로 피신한다고 촘스키는 지적했다. 각 개인이 이전에 들어본 적 없는 새로운 문장을 형성해내는 능력에 대해 행동주의자들은 아무런 언급도 하지 않거나 막연한 유추 개념을 사용한다.

촘스키가 행동주의의 자극-반응 모델을 전혀 쓸모없다고만 생각하는 것은 아니다. 생득적으로 주어진 언어 능력을 촉발하는 데 경험이 필요하다는 점은 촘스키도 인정한다. 주위에서 다른 사람들이 말하고 대화하는 소리를 듣는 경험을 촉매로 삼아 언어 능력이 촉발되므로, 언어 습득 과정을 설명하는 데는 어느 정도 자극-반응 모델이 타당하다고 할 수 있다. 그러나 촘스키는 언어 습득이 완전히 자극-반응에 따라 이루어진다는 행동주의 이론에 반대하느라 언어 습득의 유전적 측면을 강조한 것이다.

또한 촘스키는 필자와 대담하면서, 스키너의 행동주의 혹은 경험주의 심리학이 정치적으로 악용될 소지가 있다는 점을 경계했다. 스키너의 가정과 같이 인간의 두뇌가 백지 상태에서 출발한다면, 지배 권력은 적절한 환경을 조성하고 지속적인 훈련을 가해서 얼마든지 민중을 세뇌할 수 있다는 결론에 이른다. 이러한 전제하에 지배 권력의 입맛에 맞는 인간을 양성하고자 하는 억압적인 교육이 탄생한다.

다시 언어 문제로 돌아와서, 그렇다면 촘스키의 대안은 무엇인가?《통사구조》의 6장 '언어 이론의 목표'에서 볼 수 있듯이, 촘스키가 블룸필드 학파나 스키너 학파와 분명한 선을 그으면서 강조한 두 가지 개념을 짚고 넘어갈 필요가 있다. 하나는 위에서도 언급했듯이 인간 언어의 창조성이다. 문법 이론은 한 언어를 자유로이 사용할 수 있는 모든 사람들이 가지고 있는, 이전에 들어본 적도 사용해본 적도 없는 문장을 생성하고 이해할 줄 아는 능력을 반영해야 한다고 촘스키는 주장한다. 촘스키 스스로 밝혔듯이 이미 훔볼트(Karl Wilhelm von Humboldt, 1767~1835)나 소쉬르도 같은 문제의식을 가지고 있었다. 언어 이론의 목표와 관련하여 촘스키가 강조한 다른 한 가지는 모국어 화자의 직관이다. 다시 말하면 문법에 따라 생성된 문장들은 모국어 화자에게 직관적으로 받아들여질 수 있는 것이어야 하고, 또 오직 그러한 문장들만 생성되어야 한다.

언어의 창조성과 모국어 화자의 직관을 설명해야 한다는 언어 이론의 두 가지 궁극적 목표에 덧붙여서, 촘스키는 블룸필드 학파가 추구한 발견 절차를 포기하고, 스스로 좀 더 온건한 목표라고 명명했던, 문법에 대한 평가 절차 확립을 당면 목표로 삼아야 한다고 주장했다. 《통사구조》의 도입부에서 촘스키는, 문법이란 분석의 대상이 되는 언어의 문장을 '만들어내기' 위한 일종의 장치라 했다. 여기서 '만들어내다'라는 말은 후에 '생성하다generate'란 용어로 대치되는데, 오늘날 촘스키의 언어학이 '생성문법generative grammar'이라 불리게 된 것은 이와 관련이 있다. 이전의 미국 구조주의 언어학이 음운론 중심의 데이터베이스 구축과 같은 성질을 띠었다면, 촘스키의 생성문법은 발음과 음의 배열을 연구하는 음운론, 어휘를 배열해 문장을 구성하는 원리를 밝히는 통사론(구문론), 단어와 문장의 의미를 밝히는 의미론의 세 가지 하위 분야 중 통사론에 다소 경도된 측면이 있다.

이제 이 책에서도 잠깐 소개된 촘스키의 생성문법이라는 언어학이 구체적으로 어떠한 것인지를 논할 단계가 되었다. 촘스키 언어학은 처음에 변형문법으로 불리다가 후에 생성문법, 혹은 양자의 결합형인 변형생성문법으로 불리었다. 그의 스승인 해리스가 처음으로 사용한 변형transformation이란 용어를 언어 기술에 체계적으로 사용한 것은 촘스키였다.

가장 손쉬운 예로는 이 책에서도 나온 능동문에서 수동문을 도출하는 수동 변형을 들 수 있다. 이 책의 60쪽에 나오는 "I believe the dog to be hungry(나는 저 개가 배고프리라고 생각한다)"를 보자. 이 문장에 대응하는 수동태 문장은 The dog is believed to be hungry"인데, 이렇게 수동태 문장을 만드는 데는 몇 가지 변형 규칙이 필요하다. 우선 문장의 핵심 동사와 그에 뒤따르는 명사구의 위치를 확인하여 그것들의 위치를 바꾸고, 또 몇 가지 추가 작업을 덧붙이는 구조 의존적인 작업을 거쳐야 한다. 변형이란 개념은 심층 구조deep structure와 표층 구조 surface structure라는 개념과 더불어 언어학 바깥에서도 널리 학술 용어로 채택되었다. 의문사 의문문도 변형 개념을 사용하여 설명하는데, 가령 "What do you like(당신은 무엇을 좋아하는가)?"란 영어 의문문은 "you like what(당신은 무엇을 좋아한다)"이란 심층 구조에서 의문문 변형 규칙을 통해 만들어진 표층 구조다.

《통사구조》에 제시된 변형은 그 수가 무수히 많았으나 촘스키는 《통사 이론의 양상》,《지배와 결속 이론 강의Lectures on Government and Binding》 등으로 생성문법을 수정, 발전시키면서 규칙을 이동 규칙 하나로 줄이고, 그 대신 여러 원리와 서로 다른 값을 가지는 매개 변항parameter을 제시했다. 결속 이론, 통제 이론, 한계 이론, 엑스바 이론 등의 모듈이 다양한 언어들을 설명하는 원리로 제시되었고, 언어 간의 상이성은 서로 다른 값을 가지는 매개 변항의 차이로 설명되었다.

이와 관련하여 보편언어가 있다는 촘스키의 주장은 얼핏 모순되는 것처럼 들릴 수도 있다. 왜냐하면 이 세상에 존재하는 언어의 수는 6000가지가 넘기 때문이다. 보편언어란 자연 현상으로서의 언어가 아니라, 인간의 생물학적 조건에 따라 만들어진 온갖 자연 언어에 공통되는 특성들의 집합인 추상적 언어를 의미한다. 다시 말해 한국어와 영어에 모두 동사라는 것이 있고, 중국어와 영어는 어순이 비슷하다는 등의 특성들이 의미하는 것은 인간 언어에 내재하는 공통의 언어 모습이 있고, 각각의 개별 언어들은 그것에서 매개 변항으로 서로 다른 값을 선택한 결과라는 것이다. 어순에 관해 말하자면, 한국어는 후치사를 선택한 반면에 영어는 전치사를 선택한 것이고, 한국어는 목적어를 동사 앞에 둔다는 선택을 했다면 영어는 목적어를 동사의 뒤에 둔다는 선택을 했다는 것이다.

1960년대 초반에 빅토르 잉베Victor Ingbe는 '심층 가설'이라는 이론을 제시했다. 그는 "John's friend's wife's father's gardener's daughter's hat(존의 친구의 아내의 아버지의 정원사의 딸

의 모자)"과 같은 좌분지 구조(핵심 단어인 모자hat를 꾸미는 말이 왼쪽으로 뻗어나가는 구조)는 단기 기억장치에 너무 많은 부담을 주므로, 그것보다는 우분지 구조를 사용하는 것이 화자로 하여금 과도한 심층을 피할 수 있게 한다고 주장했다. 촘스키는 그의 주장이 옳지 않음을 즉각 지적했다. 영어는 목적어와 관계절 등이 오른쪽으로 나열되는 이른바 우분지 구조로 이루어지지만, 세상에는 한국어와 일본어처럼 목적어나 관계절이 왼쪽으로 나열되는 좌분지 구조를 가지는 자연 언어가 얼마든지 있기 때문이다. 더욱이 좌분지 구조를 가지는 언어가 전체 언어의 다수를 차지하고 있기도 하다. 잉베와 촘스키 사이의 논쟁에서 얻어진 결론은, 생성문법에서 도출된 개념을 가지고 언어의 형식적 특성을 조사하는 것은 언어 수행의 기저를 이루는 심리적 메커니즘과 처리 연구에 중요한 의미를 지닌다는 점이다.[1]

---

1 일찍이 1958년에 촘스키는 《언어의 과학》을 쓴 저명한 심리학자인 조지 밀러 (George Miller)와 공동으로 〈유한 상태 언어〉라는 논문을 썼고, 1963년에는 《수리심리학 백서》 중 일부를 공동으로 집필했다. 이를 통해 촘스키는 언어 수행의 기저가 되는 심리적 메커니즘의 연구에 생성문법이 지니는 의미를 상세히 기술했다. 〈유한 상태 언어〉의 결론은 유한 상태 문법이 영어와 기타 언어의 일부 문장을 생성할 수 없다는 것이다. 예를 들면 유한 상태 문법으로 무한히 긴 문장이나 내포문이 포함된 긴 문장을 생성할 수는 있지만, 관계절이 포함된 복합문이나 관계절이 포함된 주어가 있는 문장에서 의문문을 도출하는 데는 한계가 있다. 촘스키는 1960년대에 유행하던 구 구조 문법(Phrase Structure Grammar) 역시 문장의 구조 의존성을 설명할 수 없다는 점에서 대안이 될 수

《통사구조》와 같은 촘스키의 초기 저서에서는 독립 학문으로서 언어학의 위상을 강조했다. 언어학을 인지심리학의 일부로 언급하기 시작한 것은 1960년대 이후의 저서들인 《통사 이론의 양상(1965)》, 《데카르트 언어학(1966)》, 《언어와 정신(1968)》에 와서다. 오늘날 폭넓게 인정되는 인지과학의 태동이 이 무렵으로 거슬러 올라가는 것은 우연이 아니다. 일부에서는 1957년 촘스키, 피아제, 팔마리니 등이 회동했던 학술 모임에서 인지과학이 태동했다고 보기도 한다.

1960년대 초에 심리학의 일부인 언어심리학이 아니라 언어학의 일부로서 심리언어학이 새로운 분과 학문으로 출현했는데, 이 새로운 분과 학문을 창조했다는 것 자체가 촘스키 사상의 혁명적인 충격을 보여준다. 초창기의 심리언어학 논문 중 다수는 촘스키의 변형 규칙들이 과연 심리학적으로 타당한가를 검증하려는 목적으로 연구된 것들이었다. 이후로도 심리언어학은 촘스키의 생성문법이 수정과 발전을 거듭함에 따라 그 규칙과 원리의 타당성을 검증하는 수단으로 기능했다. 예를 들면 촘스키의 생성문법이 원리와 매개 변항 이론이라 불리던 단계에

없음을 지적했다. 이미 1950년대 말에 조지 밀러가 촘스키와 공동으로 작업했다는 사실 자체가 바로 이러한 사정을 심리학자들이 재빨리 인식하고 있었음을 암시한다.

서 많은 심리언어학자들과 언어학자들은 여러 가지 문법 요소 중 하나인 한계 이론을 검증하기 위해 실험했다.

지난 40여 년 동안 이루어진 심리언어학 연구의 많은 업적 중 두드러진 분야는 어린이의 언어 습득에 관한 것이다. 연구 결과들은 촘스키의 언어 생득설과 보편언어 가설을 모두 뒷받침하는 것으로 보인다. 연구를 통해서 어린이들의 모국어 습득 과정은 대략 비슷한 단계를 거친다는 사실이 밝혀졌는데, 예를 들면 옹알이 단계, 한 단어 단계, 두 단어 단계, 전보문 단계 등이 언어 차이에 관계없이 발견된다. 세계 여러 나라의 모든 어린이가 문화적·사회경제적·언어적 환경에 관계없이, 동일한 발달 단계에서 비슷한 구조로 발화한다. 촘스키는 이러한 사실을, 아이들이 유전적으로 정해진 언어 습득 장치(LAD)를 가지고 태어난다는 가설을 증명하는 증거로 해석한다.

물론 오늘날에는, 일반적인 인지 능력의 성숙maturation이라는 관점으로 언어 습득을 설명하는 것이 더 합당하다고 주장하는 심리언어학자들이 더 많아지고 있다는 사실을 간과해서는 안 될 것이다. 언어 습득 이론에 미치는 촘스키의 영향은 현재로서는 이전만큼 강하거나 직접적이지는 않은 것 같다. 순수한 문법적 능력의 습득에 관심을 기울이는 학자는 현저히 줄어들고 있고, 이에 반비례하여 촘스키가 언어 수행이라 불렸던 분야와 소통적 가치의 습득에 더 많은 관심을 기울이고 있다. 그러나 이것은 촘스키 언어학이 틀렸기 때문에 나타난 현상이 아니라 오히려 그 반대. 다시 말해 언어 습득에 관한 심리학적 실험 결과 촘스키의 가설이 맞았음이 증명되었기 때문에, 언어 습득 메커니즘을 이해하려는 학문적 목표는 이미 달성되었고, 따라서 더 이상 연구가 활발하게 이루어지지 않게 된 것이다. 그 결과 많은 학자들이 차츰 언어 수행 분야인 화용론話用論이나 담화 분석으로 연구 지평을 바꾸게 되었다.

4. 촘스키의 철학

이제 촘스키 학문의 철학적 측면을 살펴보자. 촘스키는 언어학이 인간 정신을 연구하는 데 중요한 기여를 할 수 있으며, 지금도 이성주의와 경험주의 간의 오래된 철학적 논쟁에서 어느 한쪽에 더 유리한 증거를 제공할 수 있다고 믿는다. 이성주의자들은 정신 또는 이성이 인간 지식의 원천이라고 주장하는 반면에, 경험주의자들은 모든 지식이 경험으로부터 나온다고 주장한다.

정신과 외부 세계의 관계에 대해 17세기 이후 유럽과 미국에서는 많은 논란이 있어왔다. 로크, 버클리, 흄 등 영국의 경험주의자들은 지식이란 단지 감각 인상의 수동적인 기록 및 연상에

의한 감각 인상의 결합체에 불과하다고 주장했다. 반대로 데카르트 같은 대륙의 이성주의자들은 외부 세계에 대한 우리의 지각과 이해는 관념에 의지하며, 이 관념은 선천적·유전적인 것이라고 주장했다. 앞에서 살펴보았듯이 블룸필드 학파나 스키너를 필두로 하는 행동주의 심리학자들은 철저하게 경험주의에 기댄다. 이는 인간의 지식과 행동이 전적으로 환경에 따라 결정되고, 이 점에서 인간과 다른 동물 사이에는 근본적인 차이가 없다는 물리주의physicalism 혹은 결정론determinism으로 이어졌다.

이미 앞에서도 언급했던 것처럼, 촘스키의 생각은 다르다. 인간은 다양하고 특수한 능력을 가지고 있는데, 이 능력은 지식을 습득하는 데 결정적인 역할을 하며, 또한 우리가 외부 환경의 자극에 좌지우지되지 않는 자유 행위자로 행동할 수 있게 해준다는 것이다. 인간의 창조적 언어 습득이나 사용은 이러한 가정을 바탕으로 했을 때에만 설명될 수 있음을 촘스키는 누누이 강조해왔다. 촘스키의 이성주의적 사상은 특히 《데카르트 언어학》,《언어와 정신》,《촘스키, 러셀을 말하다》 등에서 자세히 다루어진다.

촘스키의 보편문법 개념도 철학적 중요성을 띤다. 앞에서 이미 본 내용과 겹치기는 하지만 여기서 다시 한 번 살펴보자. 보아스나 블룸필드 등으로 대표되는 구조주의 언어학자들이 언어의 다양성과 상이성을 강조한 반면에, 촘스키는 언어의 유사성을 주장했을 뿐 아니라 한 걸음 더 나아가 보편언어의 존재를 주장했다. 그는 예스페르센(Otto Jespersen, 1860~1943, 덴마크의 언어학자)을 인용하면서, 각 언어의 형태소는 서로 다르지만 문법 구조는 보편적으로 같다는 주장을 제시했다. 놀랍게도 이러한 견해는 이미 13세기의 철학자인 로저 베이컨에게서도 발견된다. 그는 "문법은 사실상 모든 언어에 동일하다. 우연히도 다양한 형태로 나타날 수 있지만 말이다"라고 말했다.

촘스키는 아이들의 모국어 습득 과정이 그의 보편언어 가설을 뒷받침한다고 주장한다. 모든 아이들은 인종과 혈통에 관계없이 동일한 언어 습득 능력을 가지고 태어난다고 할 수 있다. 아이들이 한정된 짧은 시간에 불충분한 자료에 의지해서 완벽하게 언어를 습득하는 현상을 설명하려면 아이들이 보편문법 원리와 이를 적절히 사용할 수 있는 능력을 가지고 태어난다는 이른바 언어 생득설을 부정할 수 없다는 것이 촘스키의 생각이다.

감각이나 경험으로 얻은 것이 아니라 사람이 태어날 때부터 가지고 있다는 관념을 본유 관념本有觀念이라 하는데, 본유 관념이 있다는 생각은 데카르트를 거쳐 플라톤에게까지 거슬러 올라간다. 촘스키가 사용하기 시작해서 학술 용어가 된 '플라톤의 문제Plato's Problem'[2]라는 개념을 보자. 이는 인간이 무지한 상태로 태어나는 것 같고, 보고 들어서 배울 수 있는 지식은 제한되어 있는 것 같은데도, 어떻게 해서 인간은 훨씬 더 많이 알게 되는가 하는 문제다. 플라톤은 태어날 때 인간의 정신이 아무런 지식 없이 텅 빈 상태라는 것을 부인함으로써 이 문제를 해결했다. 이것이 바로 경험주의와 정반대되고, 촘스키와는 동일한 입장이다.

촘스키의 해답을 구체적으로 말하면 이렇다. 아이들이 보편문법, 다시 말해 인간 언어의 구조를 지배하는 보편 원리에 관한 지식을 가지고 태어난다고 가정하지 않는다면 인간의 언어 습득 능력은 설명될 수 없다는 것이다. (한편 이와 반대되는 개념으로 촘스키는 '오웰의 문제Orwell's Problem'를 제시하는데, 이것은 플라톤의 문제와는 반대되는 현상을 가리킨다. 곧 인간은 수없는 반복 학습과 교훈을 얻으면서도 너무나 쉽게 배운 것을 잊어버린다는 것이다. 플라톤의 문제가 주로 언어의 창조적 습득 현상을 설명하기 위해 고안된 개념이라면, 오웰의 문제는 역사의 교훈을 망각한 채 정치적 독재나 인권 유린 등이 빈발하

---

2   플라톤이 쓴 《대화편》 중 〈메노의 대화Meno Dialogue〉에 나오는 이야기를 촘스키가 지적한 것이다. 〈메노의 대화〉는 소크라테스가 메노와 함께 인간의 미덕이란 배워지는 것인가 아닌가, 모든 인류가 공유하는 것인가, 한 가지인가 여러 가지인가를 토론하는 내용이다. 플라톤은 여기서 소크라테스의 입을 빌려 메노의 노예 중 한 소년에게 질문을 던져, 그 소년이 배우지도 않은 기하학의 원리를 이해하고 있음을 드러내 보인다.

는 현상을 설명하기 위해 도입된 개념이다.)

5. 권력에 저항하는 자유인, 촘스키

이제 이 책의 두 번째 주제인 더 나은 세상을 위해서 어떻게 이 세상을 변화시킬 것인가 하는 문제에 관해 생각해보자. 10여 년 전 필자가 촘스키의 연구실을 방문했을 때, 연구실 벽에는 버트런드 러셀의 아주 오래된 대형 초상화가 걸려 있었다. 초상화라기보다는 어떤 정치적 모임을 알리는 벽보에 실린 러셀의 흑백 사진이었다. 러셀의 초상화는 가장 눈에 잘 띄는 곳에 붙어 있어 필자에게 매우 특이하고 강렬한 인상을 주었다. 그 스스로가 고백했다시피, 촘스키는 어느 개인에게 존경한다거나 하는 표현을 거의 사용하지 않지만, 유일하게 러셀에 대해서는 호의적 언급을 자주 한다. 촘스키의 말을 직접 들어보자.

대략 같은 세대에 속하는 두 거인인 러셀과 아인슈타인을 비교해봅시다. 그들은 인류가 중대한 위험에 직면했다는 것에는 의견을 같이했지만, 대응 방식은 서로 달랐습니다. 아인슈타인의 경우, 프린스턴대학에서 비교적 안락한 생활을 하면서 자신이 사랑하는 연구에 몰두하고, 간혹 엄숙하게 한마디씩 던지는 것이 전부였지요. 반면에 러셀은 데모를 주동하고, 경찰에 끌려가기도 했으며, 당대의 문제에 관해서 광범위하게 글을 쓰거나, 전범들에 대한 재판을 조직하기도 했습니다. 결과는 어떻습니까? 러셀에게는 그때나 지금이나 욕설과 비난이 쏟아지는 데 반해, 아인슈타인은 성인으로 추앙받고 있습니다. 이것이 과연 놀라운 일일까요? 전혀 그렇지 않습니다. (로버트 바스키 지음, 장영준 옮김, 《촘스키, 끝없는 도전》, 그린비, 1999, 60~61쪽)

촘스키는 어쩌면 러셀에게서 앞서 걸어간 자기 운명의 모습을 보고 있는지도 모른다.

촘스키는 자신이 열정적으로 참여했던 1960~1970년대 반전 평화 운동을 포함한 정치적 행보에 대해 회고하면서 이렇게 말한 적이 있다. 1960년대와 70년대에 미국 사회가 더 문명화되었고, 이후에도 어느 정도는 그런 조류가 이어지는 것 같지만, 그에 대한 반동적 흐름도 있다. 말하자면 옛날 방식으로 돌아가려는 강력한 움직임이 있고, 그것이 어느 정도 성공하고 있는 것 같다. 이른바 신자유주의는 민주주의와 인권에 대한 강력한 도전으로 자리 잡았으며 점점 더 공격의 강도를 높여오고 있다.

이와 관련하여 촘스키는 20세기에 인류가 얻은 교훈이 19세기의 경험에서 얻은 교훈과 전혀 다르지 않다는 점을 지적한다. 세부 사항은 다르겠지만, 궁극적인 교훈은 명백하다는 것이다.

신문에 르완다의 학살에 대한 유엔의 자세한 보고서가 실리면, 우리는 여기서 국민에 대한 국가의 통제를 저지해야 한다는 교훈을 얻을 수 있다. 국민들이 국가 권력을 제한할 수 있어야 국가가 폭력적이고 비인도적인 방식으로 행동하는 것을 막을 수 있다고 촘스키는 주장한다.

그는 국민의 참여야말로 국가의 폭력을 방지하는 방법이 된다고 주장하기 때문에, 일부에서는 그를 아나키스트로 여긴다. 촘스키 자신은 스스로를 자유주의적 사회주의자libertarian socialist라 자처하며 유럽의 골수 아나키스트들과는 일정한 선을 긋는다. 그는 조지 오웰이 《카탈로니아 찬가》에서 꿈꾼 무계급의 평등 사회를 가장 이상적인 아나키즘적 사회라고 언급한 적이 있다.

1990년대 이후 전 세계에 시장을 확보한 초국적 기업들이 세상을 좌지우지하는 테크노피아를 노래하고 있고, 많은 지식인들이 이 문제와 더불어 지구적 위기에 대해 우려하고 있다. 이러한 현상에 대해 촘스키는 어떤 입장을 취하고 있을까?

먼저 촘스키는 인류가 한순간에 파멸로 치달을 수도 있다는 사실을 지적한다. 핵무기나 다른 대량 살상무기가 그 한 예가 될 것이다. 예를 들어 1999년에 세르비아의 인종 학살을 막는다는 명분으로 나토(NATO)가 감행했던 코소보 폭격은 핵 확산의 위험을 증가시켰음이 명백하지만, 이러한 사실은 미국에서 잘 언급되지 않았다. 또한 미국이 핵확산금지조약에 서명하기를 거부함으로써 인류 파멸의 위험을 높이고 있다는 사실도 심각한 지구적 위기의 원인이다. 게다가 지속적인 환경 파괴까지, 지금도 우리는 인류 파멸의 길로 치닫고 있다는 것이 그의 지적이다.

또한 촘스키는 당장 해결해야 할 시급한 과제로 빈곤 문제를 든다. 현재 아프리카에는 400만, 곧 4000만이 될지도 모르는 고아들이 있다. 이에 대해 우리는 어떤 조치를 취하고 있는가? 우리가 의약품을 보내고 있는가? 전 세계의 엄청난 인구가 기아에 허덕이고 있고 수백만에 이르는 여성이 간단한 의료 혜택을 받지 못하여 출산 과정에서 죽어가는데, 우리는 무엇을 하고 있는가? 세계의 부가 집중되고 있는 미국에서조차 약 3000만 명이 배고픔을 겪고, 25퍼센트에 이르는 아이들이 가난하게 살고 있다. 촘스키는 세계적 빈부 격차야말로 가장 시급히 해결해야 할 과제임을 강조한다.

우리 사회에서도 이미 10여 년 전부터 사회적 화두로 떠오른 신자유주의에 대해서도 촘스키는 날카로운 비판을 가한다. 지난 20~30년 동안 신자유주의를 추종하는 나라들에서는 사회 정책이 부와 권력을 소수에게 집중시키려는 기조에 따라 디자인되어온 결과 극소수만이 동화 속의 번영을 노래하고, 나머지 대다수 국민은 가난한 잉여 인간으로 살아가게 되었다. 그 결과 신자유주의는 역사상 최악의 빈부 격차를 유발했다.

그러면 어떻게 신자유주의의 물결을 막을 수 있는가? 촘스키는 먼저 신자유주의 담론에는 엄청난 속임수가 있다는 사실을 직시할 필요성이 있다고 지적한다. 사회의 어떤 부분은 신자유주의 질서에 굴복하고, 어떤 부분은 그러지 않는다는 것이다. 예를 들면 초국적 기업은 신자유주의 원칙을 따르지 않는데, 이 점은 마치 전통적인 자유주의와 같다고 할 수 있다. 문제는 시장 원리가 가난한 사람들에게는 적용되지만 부자들에게는 적용되지 않는다는 점이다. 촘스키의 견해에 따르면, 신자유주의 사상의 핵심은 예를 들어 제3세계에 살고 있는 사람은 시장 원리와 경제 법칙에 절대적으로 복종해야 하지만, 부유한 특권층은 공적 자금의 지원을 받을 수 있고, 그 비용과 위험 부담은 모두 사회에 떠넘기는 것이다.

이런 불평등한 게임의 규칙을 가능하게 하는 장치로 국제통화기금(IMF) 같은 국제 금융 기관이 있다고 촘스키는 설파한다. IMF는 외환위기에 처한 나라들을 '구제'한다고 주장하지만, 사실은 외환위기를 겪는 국가에 투자한 투자가들을 구제할 뿐이고, 그 비용을 해당 국가의 국민들에게 전가함으로써 은행가와 투자가들의 이익을 지킨다. 이것이 바로 촘스키가 말하는 위험의 사회화다. 1990년대 후반 외환위기를 겪으면서 우리 사회 역시 신자유주의의 폐해를 절실하게 겪어왔음은 주지의 사실이다. 부유한 투자가는 위험한 투자를 하면서, 공공의 영역에서 그 위험을 보전해줄 것이라고 확신한다.

촘스키에 따르면, 미국은 생산과 연구 개발의 주도권을 모두 국가가 행사하고 그 비용도 사회가 떠맡지만, 이득은 사기업이 차지하는 나라다. 사기업들은 시장 원리에 복종하지 않을 뿐 아니라 본질적으로 전체주의적 내부 구조를 가지고 있다. 사기업은 하향식 의사 결정 구조로 이루어져, 오직 경영자나 소유자만이 명령과 결정을 내리고, 아랫사람들은 그저 그것을 집행할 뿐이다. 초국적 기업들은 정부와 달리 국민에 대해 책임을 지지 않으면서도, 웬만한 국가보다 덩치가 크고 강력하다. 무역이라는 것도 따지고 보면 40~50퍼센트가 이들 초국적 기업의 내부 거래에 지나지 않는다. 이것은 자유 무역이 아니라 본질적으로 통제 무역이다. 기업 간 전략적 제휴도 이루어진다. 이를테면 IBM과 도시바가 합작을 하기도 하는데, 시장의 원리로부터 스스로를 보호하기 위한 조직적 프로그램이 이러한 합작을 통해 강화되는 것이다. 이렇게 해서 생겨난 합작 기업들은 국가의 강력한 공적 지원을 받고 위험 비용은 사회로 이전하면서 시장 원리를 회피할 수 있는 온갖 수단을 고안해내게 된다. 이렇게 해서 신자유주의는 힘없는 사람들에게만 적용되는 것이다.

그러면 대안은 없는가? 힘없는 사람들에게만 골라서 적용되고, 부유층과 특권층은 비켜 가는 신자유주의에 대안은 없는 것일까? 한 가지 가능성은 누구든지 시장 원리에 복종하기를 기대하는 것이다. 물론 부자들은 절대로 시장 원리를 스스로 받아들이지 않을 것이므로, 올바른 대안은 모든 사람이 시장 원리를 받아들이도록 사회적으로 강제하는 것이다. 여러 가지 방안이 강구될 수 있겠지만, 촘스키는 특히 은행가나 투자가에게만 이익이 돌아가지 않고 모든 국민에게 이익이 분배될 수 있는 방법을 찾아야 한다고 주장한다.

익히 알려진 사실이지만, 한국과 말레이시아는 모두 1997년 외환위기를 겪으면서 IMF로부터 구제금융을 지원받았다. 그러나 두 나라는 널리 알려진 대로 아주 상이한 대응 방식을 취했다. 한국은 IMF의 가혹한 요구 조건을 모두 수용한 반면 말레이시아는 IMF의 요구 사항을 거부했는데, 현재 두 나라는 모두 외환위기를 탈출한 것으로 평가되지만 그 내용은 상반된다. 촘스키는 단적으로 말해 구제금융을 받은 사람은 한국의 국민이 아니라 국제 투자가들이라고 지적한다. 한국 국민들은 가혹한 구조조정 프로그램으로 고통을 당했는데, 그것은 은행가와 투자가들의 이익을 보장하기 위한 사회적 비용이었다. 이에 비해 말레이시아는 자본의 국외 유출을 통제한 결과, 비록 당시에는 많은 경제학자들의 비난을 받았지만 결과적으로 말레이시아의 자산을 지키는 데 성공한다.

촘스키도 지적하다시피, 한국은 외환위기를 극복하고 빠른 속도로 경제를 회복하는 데 성공했지만, 그 결과 누가 한국을 소유하고 있는가? 위기 때에 저평가된 한국의 자산이 그야말로 떨이처럼 팔려나갔음을 우리 모두 똑똑히 기억하고 있다. 30여 년 넘게 한국 노동자들의 피와 땀으로 이룩한 기업과 재산이 헐값에 외국 자본에 넘겨진 것이다. 말레이시아의 경우에 이런 문제는 생기지 않았음을 기억해야 한다고 촘스키는 강조한다.

그러나 이러한 정책적 실패보다 더 중요한 것은 외환위기가 투기 세력의 농간으로 만들어진다는 사실을 인식하는 것이라고 촘스키는 강조한다. 간단한 예로 1990년대 중후반 동아시아가 외환위기를 겪기 전에는 멕시코 위기가 발생했고, 멕시코 위기는 러시아 위기, 브라질 위기에 뒤이어 터진 것이었다. 사실 자본 흐름이 자유로워진 이후 외환위기는 주기적으로 발생했고, 아시아 위기는 그 연장선에 있다는 것이다.

오늘날 세계무역기구(WTO)나 IMF 등 신자유주의적 세계 질서를 강요하는 금융 기관들은 강력한 영향력을 발휘하고 있다. 촘스키는 OECD나 IMF 같은 강력한 경제 집단이 언론의 속성을 너무나도 잘 이해하고 있기 때문에, 자신들의 음모가 드러나지 않도록 정보를 제한하고 언론을 조정하고 있음을 인식해야 한다고 지적한다. 그들은 다자간 투자협정이나 무역협정이 언론에 알려지면 국민의 강력한 저항을 불러 협정이 통과될 수 없게 된다는 사실을 잘 알기 때문에, 협정이 비밀리에 통과되도록 온갖 수단을 동원하려고 한다. 그러나 그들의 시도는 풀뿌리 단체들의 저항으로 실패를 맞곤 했다. 예를 들면 1999년 12월 미국의 시애틀에서 열린 WTO 각료 회의에서 강대국들은 다자간 무역협정을 통과시키려 했지만, 전 세계의 풀뿌리 단체들이 회의장 주변에서 강력한 저항 운동을 펼친 결과 회의는 결국 실패로 끝나고 말았다.

촘스키는 이러한 협정이 가져올 파괴적인 결과를 다음과 같이 경고한다. 다자간 투자협정이 체결된다는 것은 협정 국가들 간에 기업의 투자 결정이 자유롭게 허용되는 동시에, 개별 국가의 정부는 국가의 경제가 어떻게 돌아가든지, 노동 조건이 어떻게 되든지, 우선 투자가 필요한 부분이 어디든지 간에 아무런 결정 권한도 가질 수 없게 된다는 뜻이다. 어떤 산업을 발전시키고, 어떤 부문에 투자하느냐 하는 문제의 모든 결정권이 투자가들의 손아귀에 주어진다.

더욱 심각한 것은, 이미 사람과 똑같은 존재로서 모든 권한을 갖게 된 사기업들이 다자간 투자협정 체제에서는 인격체보다 더욱 강력한 힘을 소유하게 된다는 사실이다. 가령 제너럴모터스가 멕시코에 지사를 설립하면, 멕시코 지사는 멕시코 회사와 똑같은 권한을 가지게 된다. 이에 반해 자연인은 그런 권한을 가지지 못한다. 제3세계 출신이 미국의 뉴욕에 와서 미국인과 똑같은 권리를 달라고 하면 웃음거리가 될 뿐 아니라 어쩌면 즉시 감옥으로 보내질지도 모른다. 하지만 사기업이 그렇게 하면 미국의 기업과 똑같은 권리가 주어진다는 것이다. 더욱 끔찍한 것은, 사기업들의 행태가 잘못되었다고 생각하더라도 한 개인은 기업을 법적으로 고발할 권한이 없는 반면, 반대로 사기업은 개인을 고발할 수 있다는 사실이다. 말하자면 사기업에는 인격체 이상의 강력한 권한이 주어진다. 이것이 바로 다자간 투자협정의 본질이라고 촘스키는 지적한다.

어떻게 거대 기업들의 음모를 막아낼 것인가? 촘스키는 지난 시애틀 WTO 각료 회의가 실패로 돌아간 예를 좋은 본보기로 제시한다. 이 회의의 음모가 실패로 돌아간 것은 무엇보다도 세계의 다양한 비정부기구(NGO)들이 연합하여 이룬 성과였다. 다자간 투자협정이 비밀리에 진행되어왔으므로 많은 사람들은 그 실체를 잘 몰랐지만, 풀뿌리 NGO들이 자료를 공개하고 시위를 조직함으로서 마침내는 승리를 쟁취한 것이다. 어떠한 재원도 없고 언론의 지원도 받지 못했지만, 인터넷을 통해 상호 연결된 풀뿌리 조직들이 인류 역사상 가장 강력한 권력 집중 집단을 후퇴하도록 만들었다. 그 후에 열린 스위스의 다보스 회의 역시 시애틀 회의와 똑같은 운명을 겪었다.

이 과정에서 우리는 인터넷이 기존의 주류 언론 매체에 대항하는 대안 매체가 될 수 있음을 목도했다. 동티모르의 독립 과정에서도 인터넷은 지대한 역할을 했다. 1975년 동티모르가 인도네시아 군대에 강제 병합된 직후부터 촘스키는 세계 언론과 지식인 사회의 침묵 속에서도 인도네시아군이 저지른 반인륜적 만행을 규탄하고 미국의 부도덕한 지원을 폭로해왔다. 동티모르에서 수많은 저항이 일었음은 물론이다. 그러나 동티모르의 현실이 세계에 알려진 것은 바로 인터넷을 통해서였다. 인터넷이 등장하면서 뿔뿔이 흩어져 있던 저항운동 집단이 거대한 틀로 조직되면서 대규모 시위가 전개되었고, 마침내 인도네시아의 굴복을 가져왔다.

멕시코에서도 유사한 예를 볼 수 있다. 인터넷이 없었다면 사파티스타 해방군은 미국의 지원을 받은 멕시코군에게 단 5분 만에 몰살되었을 것이라고 촘스키는 지적한다. 그러나 그들은 멕시코 내뿐 아니라 국제 사회로부터 충분한 지지를 이끌어냈고, 멕시코 정부군은 후퇴할 수밖에 없었다.

그러나 인터넷에는 이중적인 면이 있음도 사실이다. 촘스키는 어떤 목적에 이용하느냐에 따라 인터넷이 선이 될 수도 있고 악이 될 수도 있음을 지적한다. 인터넷은 이제 거대한 홈쇼핑센터로 변했고, 국민을 일깨워주는 정보는 거의 제공하지 않는다. 사람들은 원하지도 않는 물건을 사기 위해 모니터 앞에 달라붙어 있다. 그런 의미에서 인터넷은 거대한 시장을 창출한 측면이 있다. 그러나 바로 지금 진행되고 있는 이집트의 무혈 시민혁명에서는 인터넷과 디지털 혁명의 위력을 볼 수 있다. 인터넷을 통해 저항 세력의 세계화도 확산되고 있는 것이다.

6. 우리는 어떤 세상에서 살고 싶은가

이제 촘스키가 제시하는, 더 나은 사회를 위한 실천 문제에 대해 생각해보자. 앞에서 언급했던 것처럼, 촘스키는 이성주의를 바탕으로 인간의 언어를 설명하면서 이른바 플라톤의 문제를 제기했다. 인간의 두뇌가 수행하는 언어 혹은 지식 능력을 볼 때 입력에 비해 출력이 훨씬 더 많은 현상 말이다. 그런데 정치적 측면에서는 정반대인 경우가 많다. 오웰의 문제, 곧 되풀이 겪고 학습하고서도 쉽사리 역사적 교훈을 잊어버리고 같은 실수를 저지르는 것이다.

왜 이러한 괴리가 나타나는 것일까? 이에 대해 촘스키는 먼저 개념을 구분해야 한다고 지적한다. 곧 언어 연구는 이성주의 원칙에 기반을 두지만, 언어의 작용 자체는 별개의 문제라는 것이다. 마찬가지로 정치적 분석은 이성주의 원칙에 따라 이루어지지만, 정치 자체는 별개의 문제로 보아야 한다. 주어진 정보가 적은데 어떻게 인간은 그렇게 많이 알 수 있는가? 플라톤이 그 물음에 스스로 대답하기를 사물을 이해하는 능력이 우리의 유전자에 내재해 있다.

그런데 반대로 인간은 그렇게 많은 정보가 주어졌는데도 왜 배우는 것이 없을까? 오웰의 문제에 여러 가지 답이 있을 수 있겠지만, 그중 하나로 정보에 대한 접근을 막으려는 기득권자들의 끊임없는 방해 공작이 있음을 촘스키는 먼저 지적한다. 가령 다자간 투자협정에 대해 엄청난 정보가 있지만, 사람들은 그것을 전혀 모른다. 그것을 비밀에 부치려는 치밀한 노력이 있었기 때문이다. 사실 수많은 광고업체, 홍보회사, 텔레비전, 대중매체는 모두 한통속이다. 이런 기관들이 전체주의 권력 구조에 해로운 정보가 국민의 손에 들어가는 것을 막고 있다. 역사를 살펴보면 이것은 언제나 사실이었고, 서구와 같은 자유세계에서는 다만 형태를 바꾸어 나타날 뿐이다. 권력자들이 국민을 폭력으로 통제할 수 있을 때는 여론 조작이 중요하지 않고 필요하지도 않지만, 이제 국민을 폭력으로 통제할 수 없게 되면 마침내 사상 통제와 선전 활동, 곧 프로파간다가 필요해진다.

촘스키는 이보다 더 심각한 문제가 바로 지식인들이 이런 관행에 일조하고 있는 것이라고 지적한다. 지식인들은 권력이 허용하는 틀 안에서만 문제를 제기하고 정부를 비판하며 기업을 감시한다. 미국에서 베트남전쟁을 반대했던 지식인들은 미국이 베트남에 군대를 보낼 권리가 아예 없다는 얘기는 하지 않았다. 다만 너무 비용이 많이 든다, 질 것이 뻔한 싸움에 자기네 젊은 이들이 희생된다는 말만 했다.

국민의 사상을 통제하라, 그렇지 않으면 통제권을 벗어날 것이다. 그리하여 다양한 기술이 고안된다. 오늘날 광고는 거대한 산업이자 대중의 눈을 사로잡는 쇼가 되었다. 기업은 사람들로 하여금 오직 물건을 사는 데 혈안이 되도록 유도한다. 텔레비전을 켜거나 신문을 펴는 순간 우리는 사기업의 이러한 노력에 압도되고 만다.

사람들의 관심과 비난을 정부로 돌리려는 사기업의 선전 전략은 극도로 명확하다. 국민으로 하여금 정부를 미워하게 만들려는 사기업의 끊임없는 선전 결과, 정부의 긍정적인 기능에 대한 관념은 사람들의 마음속에서 사라져버린다. 예를 들면, 세금 징수원이 오면 사람들은 그가 돈을 훔쳐 간다고 생각하고 그를 미워한다. 그가 공공 기금을 조성한다고는 절대로 생각하지 못하는 것이다. 정부가 시민의 건강을 보호하기 위해 규제를 도입하면, 사람들은 곧바로 그에 반대하도록 훈련된다. 국민이 정부를 신뢰하게 되면 사기업의 권력 집단은 난관에 봉착하게 되므로, 언제나 국민의 불평불만이 정부를 향하도록 애쓴다.

이러한 퇴행을 막기 위해 촘스키가 제시하는 해결책은 의외로 단순하고 어찌 보면 천진하기까지 하다. 그는, 사람들이 데카르트가 말하는 '건전한 양식'만 갖추고 있으면 충분하다고 한다.

촘스키는 이름도 없는 헌신적이고 용기 있는 보통 사람의 노력으로 변화를 이룰 수 있다고 주장한다. 우리는 우리가 어떤 세상에서 살고 싶은지를 먼저 선택해야 한다고 역설한다. 억압과 파괴의 세상에 살기를 원하는가? 우리 손자들에게 생태계가 파괴되어 더 이상 살 수 없는 세상을 물려주고 싶은가? 한편에서는 유례없는 경제적 풍요를 누리는데, 다른 한편에서는 기아에 허덕이는 세상을 원하는가? 아니면 이런 세상을 바꾸고 싶은가? 우리가 선택하면, 그렇게 된다.

독자를 먼저 생각하는 정직한 출판

시대의창 　분야　　　정치 · 사회 ／ 역사 · 문화
WINDOW OF TIMES
서울시 마포구 동교동 연희로 19-1 (4층) (우)121-816
Tel : 335-6125　Fax : 325-5607　sidaebooks@daum.net